Janet Betschart

DAS SCHENK ICH MIR

7 Schritte in ein selbstbestimmtes Leben

BELTZ

Dieses Buch ist auch als E-Book erhältlich:
ISBN 978-3-407-22350-0

www.beltz.de

© 2013 Beltz Verlag, Weinheim und Basel
Umschlaggestaltung: www.anjagrimmgestaltung.de,
Stephan Engelke (Beratung)
Umschlagabbildung Vorderseite: © plainpicture/ponton
Umschlagabbildung Rückseite: © Janet Betschart
Satz: Sarah Ferdin
Druck und Bindung: Beltz Druckpartner GmbH & Co. KG, Hemsbach
Printed in Germany

ISBN 978-3-407-85963-1
1 2 3 4 5   17 16 15 14 13

Inhalt

Vorwort

»So geht es nicht mehr weiter«, habe ich gedacht und auch laut gesagt, als ich mit knapp dreißig Jahren meinen sicheren Job in einem großen Konzern an den Nagel hängte. Ein Spontanentschluss, aber in einem entscheidenden Moment getroffen. Schlagartig war mir klar geworden: Mein Leben ist ganz anders, als ich es mir erträumt habe. Es fühlt sich an wie fremdbestimmt. Auf einmal fühlte ich mich wie im völlig falschen Film. Soll das alles gewesen sein?, fragte ich mich verzweifelt. Daran wollte ich nicht glauben. Ich buchte einen Flug ans Mittelmeer, und was danach geschah ... na ja, das werden Sie in diesem Buch lesen.

Damals am Meer habe ich ein echtes Geschenk erhalten: die Erkenntnis, dass unangenehme Lebenssituationen dazu da sind, hinterfragt zu werden. Wenn wir das tun, stellt sich fast immer heraus: Der eigentliche Grund für unser Unglück ist, dass wir nicht unser eigenes Leben leben, sondern das der anderen. Wir scheren uns viel mehr um die Bedürfnisse des Partners, der Mutter, des Sohnes oder der Chefin als um unsere eigenen – und das, liebe Leserinnen und liebe Leser, können Sie bleiben lassen, das können Sie sich schenken!

In diesem Buch zeige ich Ihnen, wie Sie sich stattdessen mit dem beschenken, was Ihnen guttut. Die Frage, die sich jedem und jeder von uns dabei stellt, ist natürlich: Was tut mir gut? Auf dem Weg zu dieser Antwort möchte ich Sie begleiten. In sieben Schritten zeige ich Ihnen, wie Sie zu einer souveränen Haltung finden, mit der Sie Ihre Individualität ausleben, ohne zum Außenseiter zu

------

werden. Und dabei gibt es mehr Dinge, Menschen und Vorstellungen, von denen Sie sich trennen sollten, als Sie denken. Schenken Sie sich alles, was Ihnen Kraft und Energie raubt. Und schenken Sie sich stattdessen Ihr eigenes Leben!

Um zu erklären, wie ich zu der Haltung, um die es in diesem Buch geht, und zu den sieben Schritten gekommen bin, erzähle ich vieles über mich. Eines möchte ich vorwegnehmen: Wenn ich über Dinge schreibe, die mir widerfahren sind, über Kreuzungspunkte in meinem Leben, über meine Familie, meine Freunde, meine Nachbarn, meine Bekannten, wenn ich also »ich« sage und von »mir« erzähle – dann bin »ich« nicht genau die Janet aus dem wahren Leben. Die Geschichten, die ich erzähle, lehnen sich an reale Begebenheiten an, aber sie haben sich nicht genau so zugetragen. Ich habe bewusst zugespitzt, um manche Dinge deutlicher zu zeigen, und ich habe die Geschichten verfremdet, um meine Bekannten, meine Freunde, meine Familie und auch mich zu schützen.

Ich wünsche Ihnen viel Vergnügen beim Lesen!

Ihre Janet Betschart

– – – – – –

1

Lerne die Regeln,
um sie zu brechen

Heute ist Weihnachten. Um uns herum Weiß, alles sieht aus wie mit Puderzucker bestreut. Dazwischen blitzt das Grün der Bäume hervor. Der Himmel ist strahlend blau. Wir sind auf Ko Samui, Thailands drittgrößter Insel. Es ist 30 °C warm, das Meer hat 27 °C. In Deutschland und der Schweiz haben die Geschäfte noch bis 16 Uhr geöffnet. Weihnachtsdeko und Geschenkestress? Nicht bei uns. Keine herumhastenden Menschen, keine Geschenke in letzter Minute, keine überteuerten Restaurantbesuche. Wir gehen an den Strand, baden, lesen oder trinken Cocktails und genießen unsere Ruhe. Auch um uns herum keine Aufregung. Thailand ist ein buddhistisches Land – die Einwohner haben mit Weihnachten nichts am Hut. Seit vielen Jahren ist der 24. Dezember für uns ein ganz normaler Tag. Ein schöner Tag wie jeder andere Tag hier in Thailand.

Ja, geht das denn? Tut man das denn? Weihnachten ist doch die einzigartige Gelegenheit im Jahr, andächtig zu sein und mit seinen Nächsten und Liebsten Zeit zu verbringen. Einfach zu sein. Ohne dass der Alltag drückt, ohne dass der Job, die Freunde, die Verpflichtungen einen aus dieser »Quality time« herausreißen. Nicht umsonst haben an Weihnachten die meisten Betriebe zu. Ja, Weihnachten ist das Fest der Liebe, der Besinnlichkeit, der Familie … Aber auch der festgefahrenen Konventionen. Kinder besuchen ihre Eltern, Familien treffen sich, man geht gemeinsam in die Kirche, danach ein gewaltiges Festessen mit genervten Cousinen und überdrehten Kindern. Nach dem Essen steht Gelangweiltrumsitzen auf dem Programm. Am ersten Weihnachtstag werden die Schwiegereltern besucht und am zweiten die Tanten und Onkel. Jeder will den anderen übertreffen mit selbst gebackenem Kuchen und fettem Gänsebraten. Am Ende ist man ein paar Hundert Kilometer durchs Land gefahren, hat Menschen gesehen, an die man den Rest des Jahres selten denkt, Geschenke ausgepackt, die man nicht haben möchte, und Speisen gegessen, von denen man sich erst mal wieder ein paar Wochen erholen muss.

Auch wenn sie es nicht zugeben: Für viele Menschen ist das traditionelle Weihnachten grauenvoll. Auch für mich war es eher ein Pflichttermin als die willkommene Gelegenheit, sich mal wieder mit Eltern und Geschwistern zu treffen. Und das nicht, weil ich meine Familie nicht mag. Sondern weil an Weihnachten ein Ritual abgespult wurde, das keinen Platz ließ für entspannten und offenen Austausch. Statt zu tun, worauf wir Lust hatten, taten wir, was wir immer schon an Weihnachten getan hatten. Das war einfach so. Es gab nichts anderes. Ich hatte nicht den Mut, etwas anderes überhaupt zu denken.

Meinen Fluchtinstinkt habe ich jahrelang unterdrückt. Bis ich eines Tages tatsächlich einen Flug buchte. Nur weg, war mein Gedanke. Bitte, bitte nicht wieder Punsch und Christstollen nach einem fetttriefenden Gänsebraten. Ich traute mich nicht, meinen Eltern zu gestehen, dass ich dieses Mal nicht mit dabei sein, sondern mich fernab in Thailand jedem Zugriff entziehen würde. Verdruckst schob ich das klärende Gespräch von einem Besuch zum anderen immer weiter auf. Bis ich endlich in der Adventszeit den Mut aufbrachte, zu gestehen: »Mama, Martin und ich werden Weihnachten in Thailand sein.«

- - - - - -

Als Zugeständnis und aus schlechtem Gewissen hatten wir es so eingerichtet, dass wir zu Silvester wieder daheim sein würden. Für unsere Eltern war das ein Trostpflaster, für uns eine Tortur. Denn nichts zog uns aus den warmen Gefilden wieder in die kalte Schweiz zurück, außer dem Versprechen, das wir gegeben hatten. Viel lieber wären wir noch ein paar Tage geblieben und hätten dem kalten, matschigen Schweizer Winter ein Schnippchen geschlagen. Trotzdem: Der Urlaub war ein voller Erfolg. Die nächsten Monate zehrten wir von den wunderbaren Erinnerungen. Und als es wieder Sommer wurde, fragte mein Mann: »Wollen wir nicht wieder Weihnachten Urlaub machen?« Uns beiden war klar: Wenn es sich irgendwie vermeiden ließe, würden wir von nun an nie mehr Weihnachten in der Schweiz verbringen. Dazu hatten uns der Abstand vom hektischen Alltag, die tropische Wärme und die Herzlichkeit der Menschen in Thailand zu gutgetan. Inzwischen verbringen wir wirklich jedes Weihnachtsfest weit weg von zu Hause. Das ist unser Weihnachtsgeschenk an uns selbst, auf das wir uns das ganze Jahr freuen. Aber damals gab es noch eine ganze Menge, was uns zurückhielt, unseren Traum Wirklichkeit werden zu lassen.

Mancher Aussteiger, der seine Freiheit über alles liebt, verzichtet lieber auf soziale Kontakte als darauf, vollkommen frei entscheiden zu können, was er tut oder auch lässt. Keine Abhängigkeiten von anderen, keine Versprechen, die eingelöst werden wollen. Mitten in der Nacht aufstehen, tagsüber schlafen, eine Mahlzeit ausfallen oder das Mittagessen gleich ins Abendessen übergehen lassen, an der Hütte herumhämmern – niemanden stört es. Ein Einsiedler kann machen, was er will. Wenn ihm danach ist, kann er auch nackt herumlaufen. Selbst wenn er sich zwei Wochen lang nicht wäscht, ist da niemand, der ihm sagt: »Wird Zeit, dass du ein Bad nimmst!« Das aber ist die Ausnahme. Die allerwenigsten Menschen haben sich einem solchen Leben verschrieben. Wir sind

------

nun mal soziale Wesen. Die meisten von uns befinden sich in Kontakt mit anderen: in der Familie, beim Arbeiten, in der Freizeit. Wenn man nicht aufpasst, ist die Gestaltung jedes Tages, jeder Stunde, ja, fast jeder Minute abhängig von anderen. Die eigene Zeit ist fest verplant, und auch das, was man tut, richtet sich oftmals an anderen aus. Und an Übereinkünften, die das Zusammenleben so vieler Menschen erst möglich machen. Bei den wichtigsten Regeln des Zusammenlebens die Spreu vom Weizen zu trennen, das ist das Ziel dieses ersten Kapitels.

Das macht man eben so

Die Angestellte berichtet ihrem Chef, der Radler weist einen Autofahrer zurecht, weil der ihm beim Abbiegen die Vorfahrt genommen hat. Warum tun sie das? Weil sie sich an die Regeln halten.

Die Angestellte will sich keinen Rüffel vom Chef einfangen. Also sagt sie nicht: »Ich hab jetzt keinen Bock, morgen ist schließlich auch noch ein Tag«, sondern erscheint pünktlich im Meetingraum und hält ihre Präsentation. Sie hält sich an die Regeln. Und der Radler will nicht zum Verbrecher werden und im Gefängnis landen. Also haut er dem Autofahrer nicht vor Wut seine Luftpumpe über den Schädel, sondern schreit seinen Ärger nur heraus. Auch er hält sich an die Regeln.

Dies sind Situationen, in denen Regeln uns das Zusammensein erleichtern und unser Verhalten lenken. Und in all diesen Situationen ist das Befolgen der Regeln sinnvoll, um die eigenen Ziele zu erreichen, um sich selbst und anderen nicht zu schaden, um weiter dazuzugehören. Diesen Kitt, der die Gesellschaft zusammenhält, kann man nennen, wie man will: Regeln, Konventionen, Gesetze, Rituale … Wenn viele Menschen auf einem Fleck zusammenleben, sind diese Übereinkünfte, an die sich möglichst viele halten, notwendig. Ohne Regeln gäbe es Chaos. Gut, dass es sie gibt!

Als man sich einig wurde, dass man seinem Nebenmann nicht den Schädel einschlagen darf, hat die Zivilisation einen großen Schritt nach vorn getan. Eine gute Übereinkunft. Die Genfer Konventionen regeln die humanitären Völkerrechte im Fall von bewaffneten Auseinandersetzungen. Das ist eine große Sache. Die Gesetze eines Landes verbieten, dass sich der eine am Eigentum des anderen vergreift. Es gilt eben nicht das Recht des Stärkeren oder Brutaleren. Ich bin heilfroh, dass wir solche Konventionen haben. Nur mit ihnen ist eine Zivilisation lebensfähig.

Regeln zu beachten lernen wir schon von Kindesbeinen an. »Sag danke!«, »Nicht hauen!«, »Man spricht nicht mit vollem Mund!«. Zuerst werden wir mit Druck zum Befolgen von Regeln gedrängt, später haben wir sie verinnerlicht. Wir richten uns danach, was von uns erwartet wird. Wir versuchen herauszufinden, was für ein Verhalten gerade verlangt und »üblich« ist; wir suchen nach Regeln und Ritualen, damit wir sie einhalten können. Wir leben so, wie es uns von anderen vorgelebt wird. Wir kopieren Verhaltensweisen anderer, denn dann wissen wir: Ich gehöre dazu, ich schwimme mit dem Strom. Das macht es uns und den anderen leichter. Und ist manchmal sinnvoll, manchmal aber auch nicht.

Denn es gibt Regeln, die absoluter Humbug sind. Oder die früher einmal sinnvoll waren, es aber längst nicht mehr sind. Manchmal gehen sie dann sang- und klanglos unter. Zum Beispiel musste man früher unbedingt verheiratet sein. Der Mann, um Karriere machen zu können, die Frau, um respektiert zu werden. Heute kann man – zumindest wenn man nicht in der tiefsten Provinz wohnt – auch ohne Trauschein zusammenleben. Nur wenn es sich um den deutschen Bundespräsidenten handelt, ist der Familienstatus noch ein Thema – fürs Sommerloch. Aber auch das Thema wird irgendwann hoffentlich endgültig erledigt sein.

Wenn solche sinnlos gewordenen Regeln wegfallen, sorgt das oft erst mal für Unsicherheit. Gibt es eine neue Regel? Welche? Oder kann man jetzt machen, was man will?

Zwei junge, aufstrebende Geschäftsleute sitzen im Restaurant. Die Teller stehen dampfend vor ihnen, und beide schauen sich unsicher um. Kartoffeln mit dem Messer schneiden oder nicht? Ist das denn wichtig? In Amerika ist es sogar Brauch, die Kartoffeln mit der Gabel zu zermantschen, das Fleisch in kleine Stückchen zu zerteilen, das Messer wegzulegen, eine Hand unter den Tisch zu nehmen und dann erst zu essen. Also wie jetzt? Beim Geschäftspartner Eindruck schinden, indem man die Etikette beherrscht? Oder entlarve ich mich dadurch als lächerlich altmodisch? Lieber »frei Schnauze«? Wer bestimmt die Regeln eigentlich? Wenn beide zu lange darüber nachgrübeln, wird das Essen kalt ...

Viele Etiketteregeln sind ein Beispiel für Regeln, die nicht wirklich Sinn ergeben. Denn die Zeit ist längst über sie hinweggerollt. Zum Beispiel, dass der Mann der Frau beim Restaurantbesuch die Tür aufhält, sie dann stehen bleibt, bis er sie eingeholt und überholt hat, damit er vor ihr durch das Restaurant zum Tisch gehen kann. Ein komplizierter Tanz und ziemlich affig obendrein. Oder dass man, wenn man zu einer Gruppe stößt, zuerst der ranghöchsten Frau die Hand reicht. Steht sie an einer ungünstigen Stelle im Raum, dann muss man sich erst mal, ohne links und rechts zu schauen, durch die ganze Gruppe wühlen oder einen Riesenbogen um alle anderen Anwesenden machen. Blöd. Mit ein wenig Souveränität könnte man die Situation auch ganz anders lösen. Dass in den 50er-Jahren des vergangenen Jahrhunderts die Frau noch als schwaches Geschlecht gesehen wurde und durch solche Regeln besonders geschützt oder wertgeschätzt werden sollte, ist heute längst überholt. Trotzdem kann ein Mensch, der sich nicht an die Etikette hält, immer noch missbilligende Blicke ernten. Hat Herr Knigge also unrecht und uns einen Haufen meist wertloser Regeln hinterlassen?

Davon kann überhaupt nicht die Rede sein. Wenn Freiherr von Knigge wüsste, was heute in seinem Namen für ein Affentanz

------

veranstaltet wird, würde er sich im Grabe herumdrehen. Vor nahezu 250 Jahren wollte er mit seinem Buch »Über den Umgang mit Menschen« einen höflichen, freundlichen und taktvollen Umgang zwischen Angehörigen verschiedener Generationen, gesellschaftlicher Schichten, Berufe und Charaktere ermöglichen. Dadurch konnten die Vorurteile und Grenzen zwischen Menschen aus verschiedenen Schichten aufgelöst werden, und die einfachen Bürger bekamen Zugangschancen zu Ämtern und Würden, die damals nur dem noch herrschenden Adel vorbehalten waren. Tischregeln kamen erst nach Knigges Tod ins Buch – als Erweiterung durch den Verleger. Knigges Buch war also ein Ratgeber zur persönlichen Weiterentwicklung, keine Benimmfibel. Heute ist »der Knigge« längst verkommen zu einer reinen Ansammlung von Etikette-Regeln. Tu dies, lasse jenes – und schalte dein Hirn aus. Es gibt sogar »Knigges« für Hundehalter, Steuerzahler und Softwarearchitekten. Dass solche Bücher Absatz finden, zeigt nur, wie dankbar Menschen für Verhaltensleitfäden sind, denen sie blind folgen können, ohne selbst nachdenken zu müssen.

Wie bei den Benimmregeln halten sich viele Menschen an ungeschriebene Gesetze und gesellschaftliche Konventionen, die sie bei anderen sehen – und, ohne nachzudenken, bewusst oder unbewusst kopieren. Wenn der Sitznachbar in der Bahn über alle Menschen außer sich selbst schimpft und einen Gemischtwarenladen von Vorurteilen von sich gibt, sagt man ihm nicht, dass er ein Vollidiot ist. Das wäre nicht höflich, also hält man sich zurück. Allenfalls protestiert man leise in wohlgesetzten Worten. Man ist nett zu den Nachbarn. Auch wenn deren Kinder sich lauthals zanken, brüllen und heulen, während man auf der Terrasse sitzt und sich einfach nur von der anstrengenden Woche erholen möchte. Man wäscht am Samstag sein Auto. Früher gab es noch den sonntäglichen Ausflug mit dem Wagen, den man bei dieser Gelegenheit stolz vorzeigte. Dafür musste das »heilige Blechle« natürlich picobello sauber sein. Heute gibt es längst andere Sonntagsvergnügungen und auch andere Gelegenheiten für Ausflüge, aber das samstägliche Waschritual ist geblieben.

Man heiratet. Fragt man Teenies, haben drei Viertel von ihnen vor, zu heiraten. Und das, obwohl die Ehe kein besonders erfolgreiches Modell ist. In Deutschland werden etwa vierzig Prozent der Ehen früher oder später wieder geschieden. Heutzutage ist es nun mal nicht mehr notwendig, sich die Haus- und Erwerbsarbeit zu teilen wie vor 150 Jahren. Der Einzelne kommt auch allein zurecht und legt außerdem großen Wert auf Selbstverwirklichung. Wer merkt, dass die Partnerschaft nicht mehr funktioniert, muss nicht mehr daran festhalten, um zu überleben. Trotzdem hängen immer noch viele Menschen dem Idealmodell der lebenslangen Ehe an.

Man besucht die Eltern zum Geburtstag. Das hatte vielleicht Sinn, als man wenige Kilometer auseinander wohnte. Kurz hingehen oder -fahren und seine Aufwartung machen. Aber jetzt? Wenn die Eltern in München und die Kinder in Hamburg, Zürich oder Wien sind? Dann ist es absurd, an einem Dienstagabend nach der Arbeit noch schnell zu den Eltern zu fahren, nur weil dieser Tag der dreiundsechzigste Geburtstag des Vaters ist. Man lässt sich festlegen durch einen zufälligen Termin. Allenfalls darf man noch auf das folgende Wochenende ausweichen, das ist dann aber wirklich Pflicht – unabhängig davon, was an diesem Wochenende sonst noch alles stattfindet. Ich frage mich: Warum nicht einen Termin finden, der allen passt?

Man hat Respekt vor dem Alter. Das zumindest wurde mir beigebracht. Klar, Ältere sind körperlich nicht mehr so fit wie Zwanzigjährige. Einer alten Dame auf dem Bürgersteig Platz zu machen, damit sie nicht den Bordstein hinuntermuss, um an mir vorbeizukommen, ist eine Selbstverständlichkeit. Aber es gibt doch auch jede Menge unzufriedene Stänkerer jeden Alters, die ihren Nachbarn das Leben schwer machen. Sorry, wenn das brutal klingt. Ich sage nur, was ich denke. Und ich frage mich: Warum soll man da nachsichtig sein? Man muss vor jedem Menschen

Respekt haben. Erst mal. Und wenn sich herausstellt, dass er ihn nicht verdient hat, dann bekommt er ihn auch nicht mehr von mir.

Nett sein, höflich sein, heiraten, Auto waschen, Eltern besuchen, Ältere bedingungslos respektieren: Ich nenne solche Regeln »Das-ist-eben-so«-Regeln. Niemand weiß mehr genau, was sie eigentlich sollen. Wir haben sie von Eltern und Großeltern übernommen. Das genügt. Selbst wenn wir mit ihnen nicht glücklich sind, sie werden trotzdem nicht hinterfragt.

Warum denn bloß? Warum beugt man sich solchen Konventionen und Regeln? Weil es so einfach ist. Man muss nicht lange nachdenken, ist auf der sicheren Seite. Und: Die Regeln zu durchbrechen bedeutet unter Umständen Stress. Vielleicht Streit mit den Nachbarn, den Kollegen, der Familie. Das will man vermeiden, man will geliebt werden und dazugehören. Schön angepasst sein, ja niemanden gegen sich aufbringen!

Wenn es nur um die Frage ginge: Begrüßung mit Handschlag – ja oder nein?, dann wäre das Befolgen von Regeln überhaupt kein Problem. Aber es geht nicht nur darum, ob wir uns trauen dürfen, zur Forelle blau einen roten Burgunder zu bestellen. Es geht um viel mehr. Das wurde mir am Vorabend meines ersten Seminars klar, das ich zum Thema »Stil und Etikette« halten sollte. Bei den letzten Schritten zur Vorbereitung überkamen mich Zweifel. Ich kann mich doch nicht vor die Teilnehmer hinstellen und ihnen leere Hülsen vermitteln, an die ich selbst nicht glaube! Nein, das werde ich auch nicht, beschloss ich. Auch nicht, wenn dieses Seminar das Ende meiner Karriere als Trainerin sein würde.

Am nächsten Tag ging ich bewusst auf die Härtefälle ein. Die Teilnehmer waren plötzlich noch mehr bei der Sache. Die Frage, wer wen wann am besten begrüßt, hatte eine echte Diskussion in Gang gesetzt. Am selben Abend wusste ich: Meine Teilnehmer kommen nicht ins Seminar, um Tischmanieren zu lernen. Was sie eigentlich wollen, ist: souverän sein. Und Souveränität geht weit darüber hinaus, zu wissen, in welcher Reihenfolge und mit wel-

------

chem Druck man die Hände der Anwesenden schüttelt. Echte Souveränität kommt von innen. Sie kommt daher, dass ein Mensch genauso lebt, wie es für ihn oder sie stimmig ist. Dazu gehören alle Lebensbereiche: der Beruf, der den eigenen Fähigkeiten und Wünschen entspricht; die Partnerschaft oder das Singledasein, das die richtige Balance zwischen Freiheit und gegenseitiger Unterstützung beinhaltet, passende Freundschaften, passende Hobbys. Nur wer seine eigenen Bedürfnisse und Fähigkeiten berücksichtigt, kann auch auf andere Rücksicht nehmen. Erst dadurch wird ein respektvoller Umgang mit sich selbst und mit anderen Menschen möglich. Wer das schafft, ist in keiner Situation mehr überfordert und getrieben, sondern immer Herr oder Herrin der Lage. Mit anderen Worten: souverän.

Ferngesteuert

Ein Freund von uns, Peter, war immer »Mutters Liebling«. Er war gut in der Schule, hat eine Lehre gemacht und dann ein aufwendiges Studium draufgesetzt. Nun hat er eine ganze Reihe Diplome und Zertifikate an der Wand hängen, und seine alte Mutter ist mächtig stolz auf ihn.

Peter hat alles getan, was seine Eltern, was die Gesellschaft von ihm erwartet haben. Von ihm und von anderen. Jedes Mal, wenn ich ihn treffe, behauptet er, dass es ihm gut geht. Ich sehe ihn aber fast nur mit hektischer, gequälter Mine. Spätestens wenn er ins Erzählen kommt, ist nicht mehr wegzuleugnen: Er kommt mit seinem Leben nicht klar, fühlt sich getrieben und zwischen verschiedenen Ansprüchen zerrissen.

Keine Frage, Ausbildung ist wichtig. Eine außerordentliche Bildung ist eine der größten Trumpfkarten für die eigene Selbstständigkeit – für die finanzielle wie für die innere. Aber wenn eine Lehre oder ein Studium nicht dazu führt, dass ich mein Leben meistere, dann muss ich eben etwas anderes machen! Der eigentliche Sinn von Bildung ist doch, das Leben zu meistern. Und wenn das heißt, dass ich erst nach angekurbelter Karriere mit 35 das erste Kind bekomme, ist das in Ordnung. Klar, früher war die Regel: mit 25 Jahren. Oder auf jeden Fall vor 30. Dann ist körperlich auch noch alles im Lot. Natürlich gibt es eine biologische Uhr. Aber es kann doch Gründe geben, den Kinderwunsch auf später aufzuschieben. Warum nicht? Wie viele Familien machen sich selbst einen Riesendruck, um den Erwartungen der Gesellschaft zu entsprechen, und versuchen, zwischen Kind, Studium und Berufseinstieg zu jonglieren? Wenn einem das Jonglieren gefällt, wunderbar. Aber wenn nicht …

Die gesellschaftlichen Spielregeln zu befolgen führt nicht immer zu einem glücklicheren Leben, sondern manchmal auch dazu, dass wir uns von uns selbst entfernen.

In unserer Nachbarschaft gibt es eine Großbäckerei, einen Familienbetrieb in der zweiten Generation. Die dritte steht schon bereit: Der Sohn des jetzigen Inhabers hat sich auf seine Aufgabe gründlich vorbereitet, er hat nach der Bäckerlehre BWL studiert. Jetzt arbeitet er als Juniorchef in der Großbäckerei. Er hat eine Freundin in Kanada und würde gerne dorthin auswandern und in die Holzwirtschaft gehen, aber was wird dann aus dem Familienunternehmen? Also bleibt er.

Eine unserer Mitarbeiterinnen mit türkischen Wurzeln heiratete mit 21 Jahren. Einen Mann, den sie erst seit einem halben Jahr kannte und von dem sie gar nicht sicher war, ob sie mit ihm auf Dauer zusammenleben wollte. Sie war sehr modern eingestellt, doch von den Regeln ihrer Gemeinschaft, von den Prägungen, die sie von ihren Eltern und Verwandten bekommen hatte, hatte sie sich nie befreit. Ihren eigentlichen Wünschen ließ sie keinen freien Lauf.

Warum rufen Menschen in so einer Situation nicht laut und deutlich »Halt«? Im Endeffekt nutzt es doch niemandem etwas,

------

dass sie sich an die Regeln gehalten haben. Der Familienbetrieb dümpelt vor sich hin, weil er ohne Elan geführt wird; in der Ehe kriselt es, die zu früh geborenen Kinder müssen sich ständig anhören, dass die Mutter ihretwegen das Studium abbrechen musste.

Da ist es auf lange Sicht deutlich sinnvoller, die eine oder andere Regel einfach zu brechen. Auch wenn es Überwindung kostet.

Rita ist in ihrem Auto unterwegs. Und fährt so vorsichtig wie immer. Noch nie hat sie das Tempolimit überschritten, den letzten Strafzettel für falsches Parken hat sie vor zwei Jahren bekommen. Jetzt steht sie vor der roten Ampel und hört plötzlich eine Sirene hinter sich. Sie schaut sich um, kann aber die Ursache noch nicht ausmachen. »Hoffentlich stehe ich nicht im Weg«, denkt sie sich. Das Sirenengeheul wird immer lauter. Im Rückspiegel sieht sie einen Krankenwagen mit hoher Geschwindigkeit auf die Kreuzung zurasen. Sofort bricht ihr der Schweiß aus. Wie ein in die Enge getriebenes Tier rutscht sie auf ihrem Sitz hin und her. Sie muss dringend ihre Spur frei machen, damit der Krankenwagen durchkommt. »Ich kann doch nicht über Rot fahren!«, denkt sie und versucht verzweifelt, sich rückwärts aus der Situation zu befreien. Aber da ist das Blaulicht schon heran. Der Lärmpegel steigt. Das hektisch blinkende Fernlicht sticht in ihren Augen. Immer noch Rot, ihr bleibt gar nichts anderes übrig, als zu warten. Endlich springt die Ampel auf Gelb. In der Aufregung würgt sie nun auch noch den Motor ab. Zitternd lässt sie ihr Auto wieder an und biegt schnell um die Ecke. Der Krankenwagen prescht an ihr vorbei. Im Seitenspiegel sieht sie noch, wie der Beifahrer des Krankenwagens wütend gestikuliert. »Was hätte ich denn machen sollen?«, denkt sie schweißgebadet.

Stur an Regeln festzuhalten ist schwach. Es reicht nicht, sie auswendig zu kennen und ihnen zu folgen. Wir müssen uns schon die Mühe machen, hinter die Fassade zu schauen. Was wird denn bewirkt mit der Regel, dass niemand bei Rot über die Ampel fahren darf? Ganz einfach: Der Fahrer und auch alle anderen Verkehrsteilnehmer sollen geschützt werden. Die Ampel regelt den Verkehr, damit niemand zu Schaden kommt. Das ist ihr Sinn. Aber wenn ein Kranker wegen einer roten Ampel auf seine Behandlung warten muss, erfüllt sie ihren Zweck nicht, sondern bewirkt sogar das Gegenteil. Dann darf, nein, dann muss sie ignoriert werden.

Welche Regeln sind für mich gut und welche nicht?

Ich finde, Regeln dürfen nicht zum Selbstzweck werden. Wenn sie schädlich werden – weg damit! Sie werden sehen: Die richtigen Regeln beizubehalten und die falschen zu entsorgen bringt Sie ein Stück weiter auf Ihrem Weg zu innerer Freiheit und Selbstbestimmung. Gehen Sie mit mir drei wichtige Schritte:

1. Bringen Sie die Regeln ans Licht.
2. Die große Auslese.
3. Die Kunst, Regeln zu brechen, ohne verbrannte Erde zu hinterlassen.

1. Bringen Sie die Regeln ans Licht

Regeln sind wie Chamäleons, man erkennt sie zuerst gar nicht im dichten Gestrüpp des Alltags. Die meisten Entscheidungen, die wir täglich treffen, und die meisten Verhaltensweisen, die wir an den Tag legen, werden von Regeln beeinflusst. Viel mehr, als wir zunächst annehmen.

Die Wahl der Automarke zum Beispiel: Daran wird oft noch der gesellschaftliche Status festgemacht; und wer nur einen gebrauchten Fiat Punto fährt, wird von manch einem Nachbarn scheel angesehen. Oder glaubt es zumindest. Aber wer sagt, dass jemand mit einem höheren Einkommen unbedingt auch ein teures Auto kaufen muss? Wer es nötig hat, sich über seinen fahrbaren Untersatz zu definieren, kann das ja ruhig tun. Die neidischen Blicke der Nachbarn sind ihm gewiss, wenn er mit seinem nagelneuen Porsche Cayenne vorfährt. Aber wer seinen Wert woanders oder am besten in sich selbst findet, der kann sich ganz frei überlegen, ob er all die PS wirklich braucht oder ob es auch ein kleineres Modell tut, das perfekt zu den eigenen Bedürfnissen passt und darüber hinaus auch noch die Umwelt schont.

Oft ist einem selber gar nicht so klar, ob man etwas tut, weil es ein echtes Bedürfnis ist, oder nur, um eine unausgesprochene Regel zu befolgen. Beispiel: Sie essen Ihren Teller immer leer. Warum? Weil es Ihnen zuwiderläuft, Essen wegzuwerfen? Warum ist es Ihnen zuwider? Etwa weil die armen Kinder in Afrika nichts zu essen haben? Das ist doch Humbug! Davon, dass Sie sich vollstopfen, hat kein hungernder Afrikaner mehr zu essen. Es ist dumm, sich zu viel auf den Teller zu laden, aber noch dümmer, alles aufzuessen, auch wenn wir längst satt sind. Davon hat niemand etwas. Könnte es sein, dass Sie Ihren Teller nur deshalb leer essen, weil Ihre Eltern Ihnen das so beigebracht haben?

Oder: Jedem Menschen, den Sie begrüßen, geben Sie höflich die Hand. Diese Art »Pfötchengeben« ist eine Regel. Oft ist das auch in Ordnung, denn der Handschlag ist ein starkes Sympathiesignal. Er gibt unbewusst Aufschluss über Ihr Gegenüber. Ganze Bücher sind darüber geschrieben worden, was ein Handschlag verrät. Fragt sich nur, warum Sie Ihre Hand auch einem Menschen geben sollen, der gerade in seine Hand geniest hat, weil er kein Taschentuch parat hatte. Damit Sie nicht als unhöflich gelten?

Meine Botschaft an Sie: Seien Sie stets offen. Gerade, wenn Ihnen Ihr eigenes Verhalten gegen den Strich geht oder Sie sich unwohl fühlen: Beobachten Sie sich selbst und hinterfragen Sie, ob

Sie von dem, was Sie gerade tun, überzeugt sind – oder nur einer Regel folgen. Das ist nicht einfach, denn viele Regeln haben wir uns so früh angewöhnt, dass uns gar nicht mehr klar ist, dass es sich um welche handelt. So, wie wir atmen, ohne uns Gedanken über die Zusammensetzung der Luft zu machen. Schärfen Sie also Ihren Blick dafür, welche Facetten Ihres Verhaltens auf Regeln beruhen, und entwickeln Sie Techniken, um zu erkennen, dass Sie gerade einer Regel folgen – und nicht Ihrem eigenen Willen.

Weg damit!

Symptom 1: Das macht man eben so

Wenn Sie mit Entscheidungen oder bestimmten Lebensumständen unglücklich sind, lautet Ihr Trostpflaster: »Das ist eben so!«, oder: »So habe ich das immer gemacht.« Immer wenn Sie sich bei diesem Gedanken ertappen, haken Sie nach und stellen sich Schlüsselfragen:

- Okay, auch wenn ich das immer so gemacht habe: Macht mich das in der jetzigen Situation glücklich?
- Hat diese Vorgehensweise Sinn für mich?
- Ist es wirklich der beste Weg für mich – oder beuge ich mich Traditionen?
- Was würde passieren, wenn ich diesen Weg nicht einschlagen würde?

Überlegen Sie also, warum Sie darauf bestehen, dass Ihre Kinder beim gemeinsamen Essen so lange sitzen bleiben, bis alle aufgegessen haben. Ist es Ihr Wunsch nach gemeinsam verbrachter Zeit oder nur die Tatsache, dass Sie selbst das auch so gelernt haben? Und könnte es sein, dass alle Familienmitglieder – auch Sie – viel entspannter wären, wenn jeder machen dürfte, was er will? Dann müssten Sie Ihre Kinder vielleicht nicht dauernd zurechtweisen.

Symptom 2: Regeln? Ich kenne keine Regeln

Sie sind stolz auf Ihre Unabhängigkeit und darauf, dass Sie sich nicht von anderen beeinflussen lassen? Dann sollten Ihre Alarmglocken schrillen. Denn niemand, wirklich niemand ist frei davon, sich unbewusst Regeln zu unterwerfen. Und diese Regeln kommen oftmals im Gewand Ihrer tiefsten Überzeugungen daher. Dass Sie nicht wirklich frei handeln, merken Sie an dem Gefühl, dass bestimmte Optionen für Sie gar nicht in Frage kommen. Manchmal auch an einem Anstupser von außen. »Sag mal, warum gehst du denn immer noch zum Tennisspielen, wenn du doch jedes Mal danach klagst, dass dir deine Knie so wehtun?« Der erste Reflex bei solchen kritischen Fragen ist oft Abwehr. »Was mischst du dich ein? Ich kann Tennis spielen, solange ich will!« Denn Sie glauben, dass Tennis ein Zeichen für Jugendlichkeit ist, ein schneller Sport. Das haben Sie schon als Schülerin gemacht. Sollen Sie etwa anfangen zu golfen? Das ist doch was für alte Herren.

Nur etwas für alte Herren? Wer sagt das? Wo steht das geschrieben? Und wo steht geschrieben, dass ab einem bestimmten gesellschaftlichen Status die Sportauswahl nur zwischen Tennis und Golf besteht? Offensichtlich folgen Sie hier unbewusst einer Regel, die Sie beobachtet haben. Das heißt aber noch lange nicht, dass sie auch für Sie richtig sein muss.

Symptom 3: Familienbande

Ein guter Hinweis darauf, dass Sie unbewusst fremde Regeln befolgen, ist der Blick auf andere Familienmitglieder. Denn die meisten Regeln werden innerhalb der Familie »weitervererbt«. Wenn die Schwester oder der Cousin zwanghaft abends um zehn ins Bett geht, dann sollten Sie sich fragen, ob Sie selbst nicht auch wie ein Uhrwerk funktionieren. Wenn Ihre Mutter sich von der Nachbarin in endlose Gespräche verwickeln ließ und sie nicht einmal dann unterbrach, wenn in der Zwischenzeit die Nudeln verkochten, dann soll-

------

ten Sie sich genau beobachten, ob Sie nicht auch immer wieder in die Falle tappen, andere über Ihre Zeit bestimmen zu lassen.

----

2. Die große Auslese

Sie haben Ihr Leben nach unsichtbaren Regeln durchforstet und sie ans Licht geholt. Gratulation! Und nun? Um weiterzukommen, müssen Sie jetzt eine Entscheidung treffen: Ist diese Regel ein zwängendes Korsett? Ein Gefängnis, aus dem Sie ausbrechen wollen? Oder ein stützendes Gerüst, das Ihnen hilft – und das Sie aus genau diesem Grund beibehalten wollen? Um dies herauszufinden, hilft Ihnen folgende Übung:

Tu, was dir guttut

Machen Sie sich klar: Sie selbst sind das Maß aller Dinge. Jedes Mal, wenn Sie merken, dass Sie nach den Regeln anderer vorgehen, stellen Sie sich also diese zwei Schlüsselfragen:

- Bin ich glücklicher, wenn ich diese Regel befolge?
- Oder setze ich mich damit unnötig unter Druck?

Angenommen, Sie sind 31 und suchen händeringend nach dem Mr Perfect. Anziehend finden Sie eher die muskulösen Abenteurertypen. Aber das sind nicht unbedingt die Sicherheitsgaranten, die sich zu liebevollen Familienvätern entwickeln. Also suchen Sie Ihren Traumprinzen mit dem Kopf – und fragen sich, warum Sie sich nicht endlich verlieben. Und so vergeht Monat für Monat, Jahr für Jahr. Nehmen Sie Abstand und überlegen Sie: Wollen Sie wirklich eine

------

Familie? Oder wollen es vielleicht nur Ihre Eltern? Vielleicht stellt sich heraus: Sie sind am glücklichsten, wenn Sie jederzeit die Freiheit haben, Beziehungen, die Sie ausbremsen, zu beenden. Vielleicht macht es Klick!, und Sie stellen fest, Sie sind wertvoll auch ohne Kind. Und brauchen nicht die klassische Frauenrolle auszufüllen, wenn sie nicht zu Ihrer Persönlichkeit passt.

Und wenn Sie sich doch aus tiefstem Herzen Kinder wünschen, dämmert es Ihnen vielleicht: Hmm, wer hat denn gesagt, dass die Don Juans dieser Welt keine guten Väter sind? Vielleicht kommen auch die mal zur Ruhe. Wenn sie die richtige Frau finden …

Egal, was üblich ist, egal, wie man es macht, und egal, ob ein Verhalten konform ist oder nicht: Um herauszufinden, wie Sie Ihr Leben führen wollen, kommen Sie nicht umhin, Ihre üblichen Gedanken in Frage zu stellen. Sie müssen Ihre Gewohnheiten auf den Prüfstand stellen, Ihre Wahrheiten hinterfragen. Und immer wieder entscheiden: Ist diese Wahrheit gut für mich? Hilft sie mir, mein Leben zu leben? Oder hilft sie mir nur, schön angepasst zu sein und nicht groß aus der Reihe zu tanzen?

Aber Vorsicht! Bei der Entscheidung, ob das Befolgen von Regeln Ihnen guttut oder ob Sie sie aufgeben sollen, gibt es eine fiese Falle, in die Sie tappen könnten. Ganz deutlich ist mir das einmal beim Einkaufen geworden:

Ein Punk steht in der Kosmetikabteilung des Kaufhauses vor dem Regal mit den Haarsprays. Unter all den Hausfrauen und eiligen Angestellten, die nach Büroschluss noch schnell etwas besorgen wollen, fällt er auf wie ein Papagei unter Spatzen. Will er mit seinem nonkonformen Aussehen provozieren? Das tut er jedenfalls. Die meisten Käufer meiden seine Nähe, weiter hinten werden entrüstete Blicke geworfen. Auch ich schaue ihn mir genau an. Sein Outfit ist völlig durchgestylt. Die schwarze Hose liegt wie eine zweite Haut an – wie der morgens da nur rein-kommt? Die Stiefel sind spitz und sehr sorgfältig auf abgerissen getrimmt. An der Hüfte baumeln mehrere grobgliedrige Ketten, mit kundiger Hand ausgewählt und zusammengestellt. Die Rückseite seiner Lederjacke ist mit Graffiti verziert. Auf den ersten Blick wirkt das hässlich, insgesamt ergeben die Zeichnungen aber ein harmonisches Bild. Die zahlreichen Piercings in seinem Gesicht fallen sofort ins Auge, aber das ist ja beabsichtigt. Der Punk hat wirklich jedes Detail berücksichtigt. Am auffallendsten aber sind seine Haare. Die leuchtend grünen Haarsträhnen, die er zu spitzen Stacheln geformt hat und die sich von seinem Na-cken bis zur Stirn ziehen, stehen etwa 30 Zentimeter über sei-nem Kopf. Kein Härchen tanzt aus der Reihe. Keine schlechte Leistung, denke ich.

Der Punk überlegt noch. Prüfend nimmt er ein Haarspray in die Hand, das besonders festigende Wirkung und lange Haltbarkeit verspricht. Die 200-ml-Dose oder doch lieber die 500 Milliliter? Da eilt eine Frau durch den Gang, eleganter Hosenanzug mit feinen Nadelstreifen und ausgestelltem Bein – eine Bankange-stellte, würde ich schätzen. Sie greift an dem Punk vorbei in das Regal, nimmt die 200-ml-Spraydose und rennt weiter zur Kasse. Ich muss grinsen. Zwei Welten, dasselbe Produkt.

Punks wollen anders sein. Sie verhalten sich nicht gesellschafts-konform. Sie sind Rebellen. Sie machen vieles genau anders als alle anderen. Und auf den ersten Blick würde man meinen, sie sind wirklich frei von gesellschaftlichen Konventionen. Ja, man könnte sie aus diesem Grund sogar für Vorbilder halten – in Sachen Un-abhängigkeit und Selbstbestimmung. Aber sind sie das wirklich? Eigentlich richten sie sich doch immer noch nach dem, was die Allgemeinheit tut. Sie verkehren es eben nur ins Gegenteil. Sie leh-nen blindlings alle Konventionen ab und schießen damit an ihren eigenen Bedürfnissen vielleicht ebenso weit vorbei wie Leute, die

------

sich völlig anpassen. Äußerlichkeiten wie Kleidung und Frisur, aber auch ihr Verhalten, alles scheint darauf ausgerichtet zu sein, möglichst heftig anzuecken.

Machen Sie sich deshalb klar: Indem Sie Regeln verletzen, nur um sich selbst oder anderen etwas zu beweisen, kommen Sie keinen Schritt weiter. Wenn eine Siebzehnjährige mit dem Animateur des Ferienclubs durchbrennt, nur um den Eltern zu demonstrieren, dass sie einen eigenen Kopf hat, hat sie nicht wirklich das getan, was sie will. Nur eben das, was ihre Eltern nicht wollen. Ob sie mit dem Typen glücklich werden kann, hat sie sich gar nicht überlegt.

Regeln zu brechen, nur um sie zu brechen, kann fatal sein. So, wie der Autofahrer, der nur deshalb auf der linken Straßenseite fährt, um seine Unabhängigkeit zu beweisen. Irrsinnig. Kontraproduktiv. Dem eigenen Lebensglück nicht gerade förderlich. Blinde Rebellion macht genauso viel kaputt wie blindes Regelbefolgen.

Wappnen Sie sich also vor der Gefahr des Regelbruchs aus Prinzip!

Gib dem Trotz keine Chance!

Zehn Jahre nach Studienabschluss immer noch in der gleichen WG zu wohnen ist vielleicht ein probates Mittel, um sich gegen die nervigen Eltern zu behaupten, die jede Woche fragen, wann Sie endlich ein Haus bauen und heiraten. Aber oft ist es eine Trotzreaktion, die Sie davon abhält, sich wirklich Gedanken über die Zukunft zu machen. Und zwar über die Zukunft, die Sie wollen.

Bevor Sie sich also entscheiden, eine Regel zu brechen, stellen Sie sich die folgenden Schlüsselfragen:

- Mache ich das für mich?
- Oder versuche ich nur mit allen Mitteln, die Erwartung anderer (der Eltern, des Partners, des Chefs) zu enttäuschen?

So enttarnen Sie kindische Trotzreaktionen und kommen Ihren eigenen Wünschen näher.

---

3. Die Kunst, Regeln zu brechen, ohne verbrannte Erde zu hinterlassen

Sie haben es aufgedeckt: Seit geraumer Zeit verhalten Sie sich nach der Norm, ohne dass Sie davon etwas anderes haben als Konflikte und Quälereien. Höchste Zeit, die Regeln zu brechen. Aber wie? Regeln brechen bedeutet, Ihre Mitmenschen mit kritischen Fragen zu konfrontieren. Oder aufzuhören, bestimmte Dinge zu tun, mit denen andere fest rechnen, weil sie sich schon längst daran gewöhnt haben. Die Regel zu brechen würde Ihnen Zufriedenheit bringen – aber Sie wollen ja Ihre Beziehungen nicht aufs Spiel setzen. Ihre Nachbarn werden denken, Sie sind auf Krawall gebürstet, wenn Sie aus heiterem Himmel anfangen, sich zu beschweren, dass sie morgens um 6 Uhr schon laute Musik hören. Bisher war das schließlich kein Thema …

Ja, Sie müssen Widerstände überwinden, wenn Sie Ihre eigenen Wünsche durchsetzen wollen. Da will ich gar nichts beschönigen. Und ja, Sie können davon ausgehen, dass Ihre Mitmenschen Ihr neues Verhalten nicht unbemerkt und kommentarlos stehen lassen. Aber dies ist noch lange kein Grund, sich abhalten zu lassen. Erst recht, weil Regelbrüche nicht automatisch Streit bedeuten müssen.

Das Schlimmste am 1. August, dem Schweizer Nationalfeiertag, ist für mich der Anblick nach dem Fest. Wenn die Straßen und Gehwege voll mit Abfall sind. Da liegen die Papphülsen der Raketen und Böller herum wie die Trümmer nach dem Krieg. Wenn sie dann noch durchweicht sind vom Morgentau, habe ich gar keine Lust, das Haus zu verlassen. Als die Kinder unserer Nachbarn letztes Jahr kistenweise Feuerwerk auf die Straße trugen, um es bei Dunkelheit abzufeuern, ging ich nach draußen und bat sie: »Aber morgen früh macht ihr das alles bitte sauber!« So etwas sagt man nicht, vor allem nicht in der Schweiz. Eher sammelt man selbst alles ein. Dieses Prinzip leuchtete mir aber nicht ein. Ich bin da recht praktisch veranlagt: Wer Dreck macht, räumt ihn auch weg. Am nächsten Tag sah ich, wie die Kinder vormittags auf die Straße gingen, um die Reste wegzufegen. Im Regen!

Mein Verhältnis zu den Nachbarn hat sich seitdem nicht abgekühlt. Auch ihnen wird klar gewesen sein, dass es scheußlich aussieht, den Müll bis zum nächsten Kehrtermin einfach liegen zu lassen. Auch wenn etwas noch so sehr herrschender Brauch ist: Man kann es auch anders machen.

Angst, andere vor den Kopf zu stoßen? Brauchen Sie nicht zu haben. Regeln brechen bedeutet ja nicht automatisch, vorzugehen wie das Trampeltier beim Eierlauf. Es geht auch höflich. Wenn ich eine Regel breche, dann biete ich Alternativen an. Als meine Mutter unglücklich war, dass ich an Weihnachten nicht nach Hause komme, habe ich sie eingeladen, mit uns nach Thailand zu fliegen. Und damit klargestellt: Der Regelbruch richtet sich nicht gegen dich. Ich bin gerne mit dir zusammen, nur der Weihnachtsrummel ist mir zuwider. Sie wollte zwar nicht mit, aber auf diese Weise war sie nicht mehr ganz so unglücklich über unsere Abwesenheit.

Natürlich: Wenn Sie eine Regel brechen, müssen Sie auch bedenken, was Sie damit bei anderen anrichten. Nicht nur aus Rücksicht auf Ihre Mitmenschen, sondern letztlich auch aus Eigennutz. So erhalten Sie gute Beziehungen und beanspruchen trotzdem mehr Freiraum für sich. Aber das ist leichter gesagt als getan. Wenn wir vor der Entscheidung stehen, ob wir jemandem reinen Wein einschenken oder den Frieden bewahren, scheint es ein unsichtbares Gummiband zu geben, das uns immer wieder zurückzieht und von einer Konfrontation abhält.

Entscheidungshilfe in schweren Momenten

Sie stecken in der Zwickmühle: Dem Nachbarn das Werkzeug ausleihen? Ja oder nein? Letztes Mal hat er die Gartenschere über Nacht auf dem Rasen liegen lassen. Hätten Sie sie nicht am nächsten Morgen entdeckt, wäre sie jetzt verrostet. Aber … Nachbarn helfen einander doch! Wenn Sie aufhören, ihm Werkzeug zu leihen, hört er sicher auch auf, Ihre Blumen während des Urlaubs zu gießen. Oder? Genau! Das ist der Schlüssel: Sie wissen nicht genau, wie er reagiert. Wenn Sie sich die düstersten Szenarien ausmalen, ist in dem Moment Ihre Angst am Zug. Aber: Sie wissen nicht, ob die Angst begründet ist. Das werden Sie erst erfahren, wenn Sie Ihren Nachbarn mit der unangenehmen Nachricht konfrontieren. Also kann Ihre Angst kein Grund sein, nicht mit ihm zu sprechen. Vielleicht kriegt er Ihre Kritik ja nicht in den falschen Hals, sondern nimmt Ihre Wünsche ernst. Ein klärendes Gespräch könnte Ihre Beziehung sogar festigen und den Umgang miteinander viel angenehmer machen. Was also tun, wenn die Angst, abgewiesen zu werden, Oberhand gewinnt? Umschwenken! Denken Sie nicht mehr an den Super-GAU, sondern an den größtmöglichen Vorteil. Und zwar für beide Seiten. Überlegen Sie sich ganz genau:

- Was habe ich davon, wenn ich die Regel breche?
- Und was hat mein Gesprächspartner davon?

Und jetzt kommt das Beste: Wenn Sie auf die möglichen Vorteile und nicht mehr auf den möglichen Verlust fokussiert sind, entwickeln Sie eine ganz andere Haltung. Ein ganz anderes Auftreten. Sie sehen Ihr Gegenüber nicht als Feind, sondern als Partner. Und wer-

------

den ihm im Gespräch automatisch die nötige Wertschätzung entgegenbringen. Wenn er dann immer noch bockt, kann es nur noch an ihm liegen. Sie können aber sicher sein: Sie haben alles getan, was in Ihrer Kraft steht, um keine verbrannte Erde zu hinterlassen. Und die meisten Fälle, die ich erlebt habe, sind nicht nur gut, sie sind hervorragend ausgegangen.

Geht doch!

Vor einiger Zeit war ich mit meinem Mann auf Lanzarote. Wir waren in bester Urlaubsstimmung, das Wetter war phänomenal. Wie es in vielen Hotels so ist, bekommt man am ersten Tag einen Tisch für das Abendessen zugewiesen, und diesen Tisch hat man dann bis zum Ende des Urlaubs. Nun ist es so, dass wir uns nicht gerne gegenübersitzen. Das finden wir unharmonisch, es entsteht kein »Wirgefühl«. Am liebsten sitzen wir ums Eck, so sind wir näher beieinander. Als wir zu unserem Tisch geführt wurden, sahen wir sofort: Es war einer der besten im ganzen Raum. Direkt am Panoramafenster, das Meer keine zehn Meter entfernt. Und man schaute direkt in den Sonnenuntergang. Der eine jedenfalls. Der andere hätte uneingeschränkte Sicht auf die Küchen- und Toilettentür gehabt. So ging das also nicht. Ein guter Platz und ein Verliererplatz, das gefiel uns nicht. Über Eck sitzen konnten wir auch nicht, da der Platz nicht ausreichte. Also stellten wir den Tisch um. Wir drehten ihn um 45 Grad. Die empörten und verwunderten Blicke der anderen Gäste übersahen wir. Nach 15 Sekunden war alles gerichtet, und wir genossen beide den wunderbaren Blick aufs Meer. Am nächsten Tag waren übrigens alle Tische im Restaurant auf unsere Art umgestellt …
Die meisten Menschen ordnen sich unter. Das gilt für Restaurantbesuche ebenso wie fürs Leben. Trauen Sie sich, zu sagen: »Ich

will hier nicht sitzen.« Sie machen vielleicht nur einmal Urlaub in diesem Hotel. Und Sie leben nur einmal!

Das schenk ich mir

- *Ich habe erkannt, dass meine Entscheidungen oft von Regeln beeinflusst sind. Deshalb frage ich mich vor wichtigen Entscheidungen, welche Regeln es sind, nach denen ich mich da richte.*
- *Ich entwickle ein Gespür dafür, zu sehen, ob die Regel, die ich gerade dabei bin zu befolgen, sinnvoll ist oder nicht.*
- *Wenn sie für mich keinen Sinn ergibt, hat sie für mich auch keine Relevanz. Dann befolge ich sie eben nicht mehr.*
- *Ich frage mich in verschiedenen Lebenslagen, ob ich eine Regel vielleicht nur aus Trotz brechen will.*
- *Ich bedenke die Folgen meiner Entscheidung; nicht nur für mich, sondern auch für meine Mitmenschen.*

2
Nie wieder fremdgesteuert!

»Klack, klack, klack« macht der Fahrradkorb, während Sabina übers Kopfsteinpflaster holpert. Den Saibling, das Baguette und das Gemüse hat sie abgeholt. Fehlt nur noch der Ziegenkäse, mit dem sie den Salat veredeln wird. Sabina schaut auf die Uhr: In zwei Stunden stehen die Gäste vor der Tür. Sie schaltet einen Gang hoch und kurvt schwungvoll um die Ecke. Das eingeschlagene Tempo hält sie aber nicht lange durch … »Was ist das denn?«, schreit sie und legt eine Vollbremsung ein. Wie in Zeitlupe sieht sie ihr Rad zu Boden gleiten, während sich der Inhalt des Fahrradkorbs über die Straße verteilt. Vor ihren Augen: ein Pärchen, das so hingebungsvoll neben dem Kinoeingang herumknutscht, als käme es direkt aus einer Hollywood-Romanze.

Das gibt's doch nicht, denkt sich Sabina. Nicht einmal ihr empörter Aufschrei hat die beiden aufgeschreckt! Plötzlich merkt der Mann, dass er beobachtet wird. Als er aufblickt, sieht er in die zornigen Augen seiner Frau.

»Du Schwein«, zischt Sabina und tickt – vor Wut und Enttäuschung nur noch rotsehend – völlig aus. Ihrem Mann und seiner Blondine fliegt alles um die Ohren, was Sabina noch vor zehn Minuten so sorgsam eingekauft hat. Kinobesucher und Marktgänger stehen gaffend herum. Mit jeder Limette und jeder Schalotte fällt Sabina ein anderes Schimpfwort ein, von dem sie bisher gar nicht wusste, dass sie es überhaupt kannte.

»Es war grauenvoll«, schluchzte meine Freundin, als sie wie ein Häuflein Elend vor mir saß und mir ihr Erlebnis schilderte. Für sie war diese Episode mehr als nur ein Schicksalsschlag des Lebens. Es war die Vollkatastrophe. Das, womit sie am wenigsten gerechnet hätte. Warum auch? Die Beziehung zu ihrem Mann hatte sie gehütet wie ihren Augapfel.

Ihr Alltag war immer bis aufs i-Tüpfelchen organisiert, das zweigeschossige Haus hielt sie picobello in Ordnung. Neben ihrem Teilzeitjob managte sie selbstverständlich die Termine ihrer beiden halbwüchsigen Söhne, erledigte den Bürokram, hielt ihrem Mann den Rücken frei und bewirtete jeden Monat seine fünf wichtigsten Geschäftspartner. Ja, Sabina gehörte zu dem seltenen Typ »perfekte Schwiegertochter«. Niemals wäre sie auf die Idee gekommen, einen Pilates-Abend zu schwänzen oder mal einen über den Durst zu trinken. Schließlich wollte sie überall eine gute Figur machen. Und das schaffte sie auch. Familie, Freunde, Bekannte zogen den Hut vor ihr. Eigentlich ein perfektes Leben. Und jetzt so etwas …

Ich persönlich fand es gut, dass sie sich diese Szene erlaubt hatte. Aber Sabina haderte mit ihrem Auftritt und fühlte sich hin und her gerissen zwischen Scham, Wut und Verzeihen. Trotz ihrer Verletztheit suchte sie das Gespräch mit ihrem Mann, doch dieser zog sich immer mehr zurück. Keine vier Wochen später kam das endgültige Aus: Ohne jede Vorankündigung brachte der Postbote das Anwaltsschreiben mit dem Scheidungsantrag.

Seither läuft bei Sabina alles aus dem Ruder. Die Zwillinge wollen in eine eigene WG ziehen, ihr Mann zu seiner Blondine – und Sabina fragt sich, um wen sich ihr Leben zukünftig drehen soll.

- - - - -

Mein Wille, dein Wille

Sabinas gibt es wie Sand am Meer. Nicht nur in weiblich, versteht sich. Was diese Menschen kennzeichnet: Sie sind die angenehmsten Teamplayer und die unkompliziertesten Freunde. Sie sind weder rechthaberisch noch launisch, sondern unkompliziert und kooperativ. Sie verstehen die anderen und schrecken nicht davor zurück, ihre eigenen Interessen auch mal zurückzustellen. Nein, Entschuldigung: Sie schrecken auch nicht davor zurück, ihre Interessen immer wieder zurückzustellen. Ihre Nettigkeit geht bis zur Selbstaufgabe. Und irgendwann merken diese Sabinas: Sie haben ihr Leben voll und ganz der Familie oder anderen nahestehenden Personen untergeordnet.

Klar, hin und wieder rumort es in ihnen. Aber sie sind gut geübt darin, alle Zweifel zurückzudrängen. »Mein Mann braucht mich doch. Wenn ich ihn nicht unterstütze und ihm den Rücken frei halte, frisst ihn sein stressiger Job noch auf. Und dann leidet die ganze Familie darunter«, beschwichtigen sie sich. Und merken nicht, dass sie sich mit dieser Haltung immer weiter von sich selbst entfernen. Ihre Anteilnahme ist so sehr bei anderen, dass ihnen die eigenen Gefühle fremd geworden sind. Oh ja – es kann sich richtig stimmig anfühlen, sich für andere aufzuopfern! Stimmig jedoch nur aus dem Grund, weil frau sich so daran gewöhnt hat. Die Wünsche und Belange anderer sind ihr so vertraut geworden, dass sie tatsächlich denkt, es wären ihre eigenen. Und insgeheim hofft sie, ihre verlässliche Einsatzbereitschaft mache sie allseits beliebt und garantiere ihr dauerhaft den gewohnten, sicheren Rahmen. Doch der Deal geht nicht auf. Die anderen haben diesen unsichtbaren Vertrag nämlich nie unterschrieben! Mehr noch: Sie wissen nicht mal, dass es ihn gibt. Deshalb fühlen sie sich auch keineswegs dafür verantwortlich, so einer Sabina einen stabilen Rahmen zu bieten, sondern fallen einfach aus deren Bild, wenn

------

es ihnen passt. Sie verschwinden. Dann merkt die aufopferungs-
volle Person plötzlich, dass sie alleine gar nichts mit sich anzufangen weiß. Die Versuchung ist groß, sich dann einfach die nächste
Bezugsperson oder -gruppe zu suchen und mit ihr wieder so eine
einseitige Scheinsymbiose einzugehen. Ob mit einem neuen Partner, der Großfamilie, den Kollegen am Arbeitsplatz, einem Verein
oder der Mittwochabend-Saunagruppe. Und wenn diese Symbiose
scheitert, kommt die nächste. Und so weiter. Mit zunehmendem
Alter wird es aber immer schwieriger, jemanden zu finden, der
sich auf eine Scheinsymbiose einlässt. Irgendwann steht die Person, die sich immer nur für andere aufgeopfert hat, ganz alleine
da – und hat inzwischen völlig verlernt, auf den eigenen Füßen zu
stehen.

So ging es Caroline, meiner Kollegin. Von Kindheit an hatte
sie sich immer nur angepasst. Sie ist sehr sprachbegabt und reist
gerne. Aber auf die Idee, daraus einen Beruf und einen Lebensplan zu machen, ist sie nie gekommen. Ihre Eltern hatten nämlich
ganz andere Vorstellungen von ihrer Zukunft. Jedes Mal, wenn sie
einen neuen Freund hatte, kannte ihre Mutter nur ein Bewer-
tungskriterium: »Dein neuer Freund ist ja sehr nett. Aber kann er
dir den richtigen Lebensstandard bieten?« So richtete meine Kollegin ihr Lebensziel mehr und mehr darauf aus, sich einen reichen
Mann aus gutem Hause zu suchen. Ein Studium oder eine gute
Berufsausbildung erschienen da völlig überflüssig. Da sie gut aussieht, fand sie immer wieder einen neuen Partner, zu dem sie ziehen konnte, und lebte nebenher ihre Hobbys. Jetzt ist sie in einem
Lebensabschnitt, in dem es nicht mehr so einfach ist, adäquate
Männer kennenzulernen. Aber eine Alternative kommt ihr immer noch nicht in den Sinn.

Solche Leute gibt es überall. Die verlässliche Sekretärin, die
Seele der Firma, die jederzeit bereit ist, für die Konferenz belegte
Brötchen zu richten oder die Kollegen zwanzig Kilometer weit
zum Flughafen zu fahren. Seit fünfzehn Jahren träumt sie davon,

nach Amerika auszuwandern, aber was würden die Kollegen nur ohne sie anfangen? Also bleibt sie.

Oder die ehrenamtliche Rotkreuzhelferin, die jeden Samstag und Sonntag den Bereitschaftsdienst übernimmt. Nie erlaubt sie sich, übers Wochenende zu verreisen; ihren Urlaub begrenzt sie auf zwei Wochen, weil die anderen ehrenamtlichen Helfer doch ihre Wochenenden für die Familie brauchen. Dass sie ihr Privatleben radikal einschränkt, fällt schon fast keinem mehr auf, ihr selbst am allerwenigsten.

Klar laufen diese Anpassung, dieser Verzicht auf eigene Interessen nicht bewusst ab. Sie entspringen wohl eher dem verständlichen Wunsch, dazuzugehören: zu den Eltern und der gesamten Familie, den Partnern, Freunden, Vereinen und allen Arten von Gemeinschaften. Menschen sind soziale Wesen und möchten auch für andere wichtig sein. Die, die uns nahestehen, möchten wir zufriedenstellen und uns so verhalten, wie wir glauben, dass sie es von uns erwarten.

Doch vielleicht liegen wir damit manchmal völlig falsch. Vielleicht möchten die anderen gar nicht, dass wir immer nach ihrer Pfeife tanzen. Denn Selbstaufgabe macht uns weder glücklich noch besonders anziehend. Sie erzeugt im Gegenteil eine innere Leere. Die meisten Menschen wünschen sich ein Gegenüber mit eigenem Charakter und nicht bloß eine Art Zubehörteil. Zubehör ist austauschbar. Und plötzlich sind diejenigen, die unserem Leben die Richtung gaben, von heute auf morgen von der Bildfläche verschwunden.

Ab jetzt bin ich mein eigener Lebensnavigator

Der einzige Mensch, der Sie in Ihrem Leben auf Schritt und Tritt begleitet, sind Sie selbst. Mit sich selbst verbringen Sie die meiste Zeit. Wenn Sie in bester, nämlich in zufriedener Gesellschaft sein wollen, dürfen Sie also nicht Ihre Familie, Ihre Freunde oder Ihre Kollegen an die erste Stelle setzen, sondern sich selbst. Ihren Willen. Ihre Wünsche und Bedürfnisse. Trauen Sie sich, auf sich selbst zu hören!

Fremd- oder selbstgesteuert?

Beobachten Sie sich selbst! Wenn Sie folgende Verhaltensweisen und Gefühle an sich beobachten, ist das ein deutliches Zeichen dafür, dass Sie fremdgesteuert sind:

- Sie können nicht Nein sagen und haben einen großen Hang zu Gefälligkeiten.
- Sie fühlen sich ständig überfordert und stark belastet.
- Sie haben weder Zeit noch Raum, über eigene Wünsche und Vorstellungen nachzudenken.
- Sie zögern, irgendeine Entscheidung unabhängig von der Meinung anderer zu treffen.
- Sie können keine klaren, begeisterten Aussagen mehr über eigene Ziele und Pläne machen.
- Sie fühlen sich latent unzufrieden und innerlich leer.
- Sie reden sich die Dinge schön, beschwichtigen sich selbst und wollen nicht genau hinsehen.

Haben Sie ein paarmal kräftig genickt? Dann nehmen Sie es nicht auf die leichte Schulter. Denn so beginnt oft ein Teufelskreis, bei dem eines das andere nach sich zieht. Doch zum Glück gibt es auch wieder einen Weg hinaus. Der erste Schritt aus der Abwärtsspirale der Selbstverleugnung ist, den eigenen Willen ernst und wichtig zu nehmen. Jeder Tag bietet Möglichkeiten, selbstgesteuertes Verhalten zu üben:

- Verzichten Sie nicht auf das knallrote Kleid, in dem Sie sich so gut gefallen, nur weil eine Kollegin die Farbe zu gewagt findet.
- Bestehen Sie trotz der plötzlichen Unlust Ihres Partners auf dem fest vereinbarten Ausflug zum See. Schließlich hatten Sie sich so darauf gefreut. Und wer weiß, wie morgen das Wetter wird.
- Nehmen Sie das Jobangebot an, wenn Sie spüren, dass es genau das ist, was Sie machen wollen! Dann wird sich schon eine Lösung für die Mittagsbetreuung Ihrer Zwölfjährigen finden.

Die eigenen Wünsche ernst zu nehmen heißt noch nicht, zum rücksichtslosen Egoisten zu werden, der auf Kosten anderer lebt. Es heißt einfach, eine sinnvolle Aufgabenteilung zu finden: Die Mitmenschen kümmern sich schon selbst um ihr eigenes Glück. Das ist gut so, denn sie wissen am besten, was sie brauchen. Und Sie wissen am besten, was für Sie gut ist. Da ist es nur logisch, dass Sie nach sich schauen. So wie ich vor 25 Jahren das getan habe, was ich wirklich wollte.

Die Kundinnen bei meinen Promi-Schminkkursen sind immer sehr exquisit gekleidet. Manche Frauen haben wirklich ein Händchen für ausgefallene Stücke. Wie die Dame, die mir durch ihren extravaganten Modeschmuck auffällt. So etwas habe ich in Berlin noch nie gesehen! Ist ja auch kein Wunder, sie erzählt mir, er sei aus Italien. In meinem Kopf rattern gleich die Ideen: Ich werde diesen Schmuck besorgen und exklusiv in edlen Berliner Boutiquen anbieten! Gesagt, getan – wie elektrisiert setzte ich sofort alle Hebel in Bewegung. Alle verfügbaren Hebel: Das Internet ist noch kaum verbreitet, der Schmuckhersteller ist nicht einfach mit ein paar Mausklicks zu finden. Zum Glück lebt eine meiner Cousinen in Italien, die kann ich mit der Recherche beauftragen. Sie telefoniert, fragt wie wild herum und bringt

---

schnell in Erfahrung, dass es in Mailand eine Modeschmuck-Messe gibt. Diese Messe findet schon am kommenden Wochenende wieder statt. Jetzt gibt es für mich kein Halten mehr. In drei Tagen wird alles vorbereitet. Zuerst muss ich meine Eltern überzeugen, mir eine ziemlich große Summe für den Schmuckkauf vorzustrecken. Ihre Reaktion ist nicht gerade ermutigend. »Du willst ganz allein die weite Strecke fahren? Und wenn du ausgeraubt wirst? Außerdem kannst du gar nicht wissen, ob dieser Schmuckhersteller auf die Messe in Mailand geht. Du kannst doch gar kein Italienisch!« Und so weiter. Es kostet mich einiges an Überredungskunst, ihre Bedenken zu zerstreuen.

Dann ist es so weit. Ich klemme mich hinters Steuer und mache mich nur mit einer Straßenkarte auf dem Schoß auf den Weg von Berlin nach Mailand. Das Geld liegt gut verstaut im Koffer. Ich verschwende keinen Gedanken an seine Sicherheit, denn meine Cousine hat mich klipp und klar gebrieft: »Du bist in Italien: Ohne Cash geht gar nichts!« Den Weg zum Messegelände zu finden ist Stress pur – im hektischen Stadtverkehr die Schilder lesen, mich richtig einfädeln, während rechts und links die Autos vorbeizischen. Auf der Messe dauert es, bis ich tatsächlich glücklich vor dem richtigen Stand stehe: Wow, hier ist er, der tolle Schmuck meiner Kundin – in allen Farben und Varianten! Mit Händen und Füßen verhandle ich und kann ein schönes Sortiment einkaufen. Ich weiß gar nicht, wie viele Stunden am Stück ich auf den Beinen bin, als ich abends todmüde ins Hotelbett sinke.

Wieder heil in Deutschland angekommen, merke ich: Meine Euphorie hat mich nicht getrogen, mein Einsatz hat sich gelohnt. Die Boutique-Besitzer sind hellauf begeistert, der Schmuck findet reißenden Absatz! Und ich bin mächtig stolz auf mich: über den angenehmen Zusatzverdienst und viel mehr noch darüber, dass ich mir meine Idee nicht ausreden ließ und mich nichts davon abhalten konnte, sie unmittelbar in die Tat umzusetzen.

Begeisterung verleiht Flügel. Wenn sie groß genug ist, überflügelt sie alle Bedenken von außen und jeden inneren Anflug von Zweifel. Sie gibt Mut, stärkt das Vertrauen in die eigenen Fähigkeiten und macht zudem irre viel Spaß. Kurz: Begeisterung macht stark.

Etwas ganz Neues anzugehen ist natürlich ein Risiko. Es kann schiefgehen. Aber es kann auch gelingen. Ob es ein Riesenerfolg wird oder nicht, zeigt sich erst, wenn Sie es versuchen. Nur wenn Sie Ihre Ideen zu verwirklichen wagen, können Sie sicher sein, dass Sie genau den Lebensweg einschlagen, der zu Ihnen gehört. Und Sie können ausschließen, nur gelangweilt und brav den Weg der anderen mitzutraben. Sie sind nicht mehr fremdbestimmt.

Doch den eigenen Willen ernst nehmen will gelernt sein. Vier Schritte helfen Ihnen dabei:

1. Stop it! Stellen Sie ab, was Sie nicht mehr wollen.
2. Entwerfen Sie Ihr eigenes Bild.
3. Entwickeln Sie Ihren Lebensplan.
4. Halten Sie dem Gegenwind stand.

1. Stop it! Stellen Sie ab, was Sie nicht mehr wollen

Jeden Sonntag Punkt fünfzehn Uhr Kaffee trinken und Kuchen essen. Abends immer dieselbe Fernsehsendung schauen. Der Nachbarin in deren Urlaub immer die Pflanzen gießen. Den Sohn donnerstags zum Basketballtraining fahren. Viele Dinge tun Sie nur deswegen, weil Sie sie immer schon getan haben. Aus purer Gewohnheit. Manchen Gefallen tun Sie Ihren Mitmenschen nur, weil Sie sich dazu verpflichtet fühlen. Aus der Gewohnheit, die Bedürfnisse der anderen über Ihre eigenen zu stellen.

Das ist okay, solange die Gewohnheiten Ihnen das Leben erleichtern und die Verpflichtungen auf Gegenseitigkeit beruhen. Aber Routine kann nervig werden – durch die schiere Langeweile des Immergleichen oder weil die Tätigkeit selbst Ihnen unangenehm ist. Verpflichtungen können zur Last werden, wenn Sie mehr geben als zurückbekommen oder wenn Ihr Aufwand größer ist als der Nutzen für die Mitmenschen. Vielleicht hassen Sie es, dass Sie durch den rituellen Sonntagskaffee nie etwas unternehmen können, was länger als vier Stunden dauert. Vielleicht nervt Sie der Gedanke, für den Taxidienst zum Basketballtraining jedes Mal eine halbe Stunde zu vergeuden, obwohl Ihr Sohn nur zehn Minuten gewinnt gegenüber dem Bus.

Das Dumme ist nur: Eine Gewohnheit ist ja gerade ein Handlungsmuster, über das Sie nicht weiter nachdenken. Irgendwann einmal haben Sie beschlossen, dass das Muster sinnvoll ist; es immer wieder anzuwenden gibt Ihnen den Freiraum, an Wichtigeres zu denken. Das heißt aber auch: Sie kommen nicht so einfach auf die Idee, die Gewohnheit zu hinterfragen. Und merken nicht, wenn sie sinnlos geworden ist. Deswegen ist es nötig, ganz bewusst einen Schritt zurück zu machen und sich die eigenen Gewohnheiten genau anzuschauen.

Bis hierhin und nicht weiter

Gestatten Sie es sich ab sofort, sich immer wieder zu fragen: »Will ich das wirklich? Will ich das wirklich, wirklich, wirklich?« Da haben Sie einiges vor sich. Diese Frage ist zentral und betrifft alle Lebensbereiche – vom Beruf über die Partnerschaft, von der Gesundheit bis zu den Hobbys, von den Finanzen bis zu den Freunden. »Will ich den Aufgabenbereich meiner Kollegin wirklich übernehmen?«, »Will ich wirklich diesen lauten Actionfilm im Kino anschauen?«, »Will ich wirklich bei meiner Ärztin bleiben oder bin ich hier nur aus Gewohnheit?«, »Will ich wirklich von diesem Mann nach Hause gefahren werden?«, »Will ich wirklich eisern auf ein Häuschen sparen oder würde ich lieber auch Geld für Urlaub ausgeben?«, »Will ich wirklich zu diesem Kurs? Macht mir das Spaß oder gehe ich nur meiner Freundin zuliebe mit?«. Spüren Sie jedes Mal einen inneren Widerstand? Hören Sie ab sofort auf Ihre innere Stimme.

Haben Sie schon lange keine Lust mehr, jeden zweiten Sonntag Ihre Schwiegereltern zum Kaffeetrinken zu besuchen? Dann sagen Sie sich: »Stopp! Warum will ich das nicht tun, was stört mich daran? Was würde ich jetzt lieber machen?« Bedauern Sie es, dass ein großer Teil Ihrer knappen Freizeit immer nach dem gleichen Schema abläuft? Würden Sie stattdessen viel lieber mit Ihrem Mann einen Tag im Thermalbad verbringen? Sprechen Sie es aus. Wer weiß, vielleicht rennen Sie damit sogar offene Türen ein und Ihr Mann ist froh, etwas Abstand von seinen Eltern zu bekommen.

Will Ihre Nachbarin Ihnen schon wieder die Katze in Pflege geben? Schauen Sie genau hin. Wird diese Nachbarschaftshilfe eventuell einseitig ausgeübt? Setzen Sie sich ein lautes »Stopp!«. Gehen Sie gründlich Ihren inneren Widerständen nach und finden Sie heraus, für wen oder was Sie diese Sache eigentlich machen. Dann fällt es Ihnen leichter, beim nächsten Mal freundlich abzusagen. Oder zu vereinbaren, dass die Nachbarin dafür in Ihrem Urlaub die Blumen gießt.

- -

Ihre innere Stimme wird immer hörbarer, je mehr Sie bereit sind, danach zu handeln. Dann stellt sich nicht erst hinterher, wenn es vielleicht schon fast zu spät ist, das mulmige Gefühl ein. Sie merken sofort: Hoppla, hier stimmt was nicht! Da gibt es vielleicht die Freundin, die jedes Mal echt plausible Gründe findet, warum sie heute Abend nicht fahren kann. Aber spätestens in der Kneipe ärgern Sie sich darüber, dass schon wieder Sie es sind, die nichts trinken darf. Wenn Sie geübt haben, Stopp zu sagen und sich kein X mehr für ein U vormachen lassen, werden Sie beim nächsten Mal einfach stur bleiben. Und es achselzuckend hinnehmen, wenn Ihre Freundin widerwillig knurrend zum Autoschlüssel greift. So ge-

- - - - - -

winnen Sie ein Stück Freiheit und tun seltener etwas, das Ihnen überhaupt keinen Spaß macht. Und weil Sie sich nicht mehr ausgebeutet fühlen, können Sie mit Nachbarn, Freunden, Verwandten viel entspannter umgehen. Das macht Sie zu einer interessanteren, anziehenden Persönlichkeit.

2. Entwerfen Sie Ihr eigenes Bild

So. Jetzt wissen Sie, was Sie nicht mehr wollen. Das ist ein guter erster Schritt. Aber um Ihren eigenen Weg zu gehen, reicht er noch lange nicht. Im Gegenteil: Nicht weiter zu denken als daran, was Sie nicht mehr wollen, kann gefährlich sein. Denn so bleiben Sie auf das Negative fokussiert. Wer nur daran denkt, was er nicht will, ist auf dem besten Weg, genau das zu bekommen! Dieser Grundsatz gilt für das gesamte Leben.

Vor einigen Jahren machte ich eine Kur, bei der es auch darum ging, überflüssige Pfunde loszuwerden. Hier konnte ich am eigenen Leib spüren, dass es allein mit dem Nichtwollen nur schleppend funktioniert. Andauernd wurde vom Abnehmen gesprochen und davon, was wir alles nicht essen dürfen. Und woran dachten wir die ganze Zeit? Natürlich nur daran, wie schwer es ist, abzunehmen, und was für schöne Leckereien uns entgehen. Schon beim Gedanken ans Essen lief mir das Wasser im Mund zusammen.

Um wirklich von den Dingen loszukommen, die Sie nicht mehr wollen, brauchen Sie ein Gegenbild. Eine klare und verlockende Vorstellung von dem, was Sie stattdessen wollen. Wer nur aufhören will, zu rauchen, wird trotzdem ständig an Zigaretten denken. Bis er einen positiven Ersatz findet. Statt: »Ich bin Nichtraucher«, könnte er künftig sagen: »Ich bin Läufer. Ich jogge jeden morgen vor dem Frühstück, und am Abend laufe ich noch einmal eine Viertelstunde.« Jetzt ist der Kopf statt mit dem sehnsüchtigen Gedanken an »nur eine einzige« Zigarette damit beschäftigt, wie und wo die nächste Joggingrunde abläuft. Dieses neue Bild von sich selbst, dieses Wunschbild vom eigenen Leben zu finden ist nicht trivial. Vor allem für Leute, die bisher gewohnt waren, den Wünschen anderer zu entsprechen, und ihre eigenen tief vergraben haben.

Eine richtige Vision ist nicht einfach schnell mal da, sie möchte hervorgelockt, genau betrachtet und Stück für Stück »ausgewickelt« werden. Am Anfang ist da vielleicht nur die Ahnung: Mit Tieren zu arbeiten, dass würde mich total erfüllen! Dann spinnt sich der Visionsfaden weiter: Hunde! Ich will mit Hunden arbeiten, das sind meine Lieblingstiere. Dann kommen vielleicht Einschränkungen: Aber ich will doch eine Arbeit haben, die ich von daheim ausüben kann. Wie soll das gehen? Nach und nach entfaltet sich so die Vision von einem Hundehotel.

Visionen können nicht nur Spitzenmanager und Politiker entwickeln. Das kann jeder. Eine prominente Persönlichkeit konnte dies besonders gut und hat sogar eine eigene Strategie dazu entwickelt: Walt Disney. Sein Rezept war simpel, aber wirkungsvoll: Er nahm drei verschiedene Rollen ein, nämlich die des Träumers, des Realisten und des Kritikers. Zuerst war er der Träumer, dachte sich verrückte Sachen aus und sammelte Ideen. Dann wechselte er die Rolle und wurde zum Realisten. Er plante im Detail, was er für die Umsetzung dieses Traums brauchte und wie er ihn Schritt für Schritt verwirklichen könnte. Dann nahm er alle Träume und die schon weiterentwickelten Ideen, setzte sich kritisch damit auseinander und überlegte sich, was alles schiefgehen könnte und was es für Einwände gegen jede einzelne Idee gab.

Das Besondere an dieser Vorgehensweise war, dass er allen Bereichen, aber immer nur einem nach dem anderen, die gleiche Aufmerksamkeit schenkte. In unserem täglichen Leben sind wir es ja eher gewohnt, dass der Kritiker sofort entmutigend dazwischenfunkt und die tollsten Ideen im Keim erstickt. Doch bei Walt Disney musste er schön still sein und warten, bis er an der Reihe war. So konnte sich der Träumer seine Ideen ungestört in den schillerndsten Farben ausmalen. Diese Technik können Sie übernehmen, um Ihre eigenen Visionen zu entwickeln.

Platz für Visionen

Schaffen Sie sich einen eigenen Platz für Visionen: einen Ort, wo Sie keinem Stress und keiner Störung ausgesetzt sind. Einen zweiten, an dem Sie planen und sich die Umsetzung im Detail ausmalen. Und einen dritten, an dem Sie sie kritisch hinterfragen. Das müssen nicht drei eigene Zimmer sein – wer hat die schon? Es genügen drei verschiedene Stühle. Oder Ihr Lieblingsplätzchen im Park, ein bestimmtes Café, eine gemütlich eingerichtete Ecke Ihrer Wohnung – Hauptsache, Sie trennen die drei Phasen auch räumlich, damit Sie ein klares Signal haben: Der Kritiker ist jetzt noch nicht an der Reihe.

Dann starten Sie mit den Visionen. Gehen Sie entspannt in sich und malen Sie sich Ihre Wunschträume in allen Facetten aus. Lassen Sie die Gedanken und Bilder kommen und gehen und zensieren Sie nichts. Wenn Sie möchten und es Ihren Ideenfluss nicht stoppt, machen Sie sich ruhig ein paar Notizen. Sie werden selbst überrascht sein, was sich da so alles zeigt. Eine Farm in Neuseeland aufziehen. Eine eigene Modelinie kreieren. Entwicklungshilfe in Nicaragua leisten. Ein Kind adoptieren. Den Flugschein machen. Oder, oder …

Dann gehen Sie an Ihren zweiten Ort. Bei denjenigen Ideen, bei denen sich der Wunsch nach Verwirklichung stark anfühlt, gehen Sie tiefer hinein. Stellen Sie sich z. B. für den Wunsch »Modedesign« vor, wie Sie am Zeichentisch stehen und mit fliegenden Händen Ihre eigenen Modelle skizzieren. Sehen Sie sich auf großen Messen und Stoffmärkten. Spüren und riechen Sie, wie sich die Materialien anfühlen. Wer näht die Kleider? Fantasieren Sie, wie und wo Sie Ihre Modelle vermarkten können. Welche Frauen, Männer oder Kinder würden sich in Ihren Kreationen wohlfühlen? Wie sieht der ganz

------

besondere Kick Ihrer Modelle aus? Kreieren und spinnen Sie Ihre Ideen immer weiter, malen Sie sich jedes Detail aus.

Erst danach, am dritten Ort, kommt der kritische Wirklichkeits-Check. Hier machen Sie sich Gedanken über die Finanzierung, den Zeitaufwand, behördliche Vorschriften, Risiken. Wägen Sie ab, was für Hindernisse auftauchen könnten – aber lassen Sie sich nicht davon abschrecken, sondern überlegen Sie, wie Sie die Hindernisse überwinden können. Wenn sich nach all dem abzeichnet, dass Ihre Idee machbar ist: nichts wie los!

Bestimmt bleibt es nicht bei einem einzigen Wunschtraum und Sie werden Ihren Visionsplatz immer wieder aufsuchen. Statten Sie den Raum nach und nach so aus, dass er Ihre Fantasie anregt und Ihnen Mut macht – vielleicht mit Fotos oder sichtbaren Beweisen Ihrer bereits erfüllten Träume oder mit Dingen, die die Träume symbolisieren, an denen Sie gerade arbeiten. So werden Sie Ihre Einfälle mit der Zeit noch leichter und schneller zum Sprudeln bringen.

3. Entwickeln Sie Ihren Lebensplan

Eine schillernde Vision und viele verrückte Eingebungen sind schön und gut. Aber davon allein wird sich das Leben noch nicht ändern. Wenn Sie sie nicht in konkrete Pläne umsetzen, bleiben es Wunschträume für abends vor dem Einschlafen. Ansonsten lassen Sie weiter das Leben auf sich zukommen mit allem, was es so bringt. Damit wirklich etwas passiert, braucht es einen echten, ausgetüftelten Plan – einen Lebensplan.

Sie denken, das Leben lässt sich nicht planen? »Es passiert doch so viel Unvorhergesehenes … Wenn ich alles plane, bin ich ja gar nicht mehr offen für Chancen, die sich auf dem Weg ergeben.«

Offenheit für Neues ist das A und O, da bin ich voll bei Ihnen. Das Neue wird Ihnen aber nur passieren, wenn Sie die Initiative ergreifen. Sie können nur dann von Ihrem Traummann zum Tanz eingeladen werden, wenn Sie das Haus verlassen und zu einer Party gehen. Die meisten Menschen planen ihren Urlaub besser als ihr Leben. Und wundern sich dann, warum sie für die Ziele der anderen arbeiten. Wenn nicht Sie ihr Leben planen, wer dann?

Mit einem Lebensplan meine ich nicht, dass Sie für die nächsten Jahrzehnte festlegen, was Sie wann, wo und wie machen. Doch die Richtung sollten Sie eindeutig vorgeben. Wer das nicht tut, verhält sich wie ein Autofahrer, der sein Navigationsgerät einschaltet und die Anweisung »irgendwohin« eingibt. Ich kenne kein Navigationsgerät, das mit dieser Ansage klarkäme. Ohne Richtung bleiben Sie stehen. Sie sind Ihr eigener Lebensnavigator – suchen Sie sich ein Ziel aus und legen Sie die Route dorthin fest!

Ihr persönlicher 3-Jahres-Plan

Der Lebensplan betrifft alle Bereiche Ihres Lebens. Wenn es anders wäre, würde er Berufsplan, Beziehungsplan oder Gesundheitsplan heißen. Beim Entwurf Ihres Lebensplans gilt es drei Aufgaben zu absolvieren, in dieser Reihenfolge:

1: Ziehen Sie kurz Bilanz. Sie brauchen nicht Ihr ganzes Leben zurückzuverfolgen, sondern nur einen kleinen Sprung in die Vergangenheit zu machen. Wo standen Sie vor drei Jahren? Wie ging es Ihnen im Beruf, in der Partnerschaft, finanziell, gesundheitlich? Erinnern Sie sich: Was hatten Sie damals für Wünsche, wo wollten Sie hin?

2: Machen Sie eine Bestandsaufnahme. Gleichen Sie Ihre vergangenen Träume damit ab, wo Sie heute stehen. Welche Ihrer vergan-

------

genen Zukunftsträume haben sich erfüllt, bei welchen warten Sie noch darauf, wo gab es Rückschritte? Die Bestandsaufnahme sollten Sie so nüchtern machen, wie der Begriff ist. Also nicht in Nostalgie versinken, nicht schwärmen, trauern oder hadern – sondern einfach abgleichen, wo Sie jetzt im Vergleich zu Ihren früheren Zielen stehen.

3: Gehen Sie ein bis drei Jahre in die Zukunft. Holen Sie sich dafür mehrere große Blätter. Oder teilen Sie ein einzelnes Blatt in mehrere waagerechte Spalten für die jeweiligen Lebensbereiche auf:

- Identität: Wer sind Sie, wie möchten Sie sein oder noch werden?
- Familie, Freunde und Partnerschaft.
- Beruf, Berufung, Hobby.
- Finanzen, Vorsorge, alle materiellen Themen.
- Körper, Gesundheit und Sport.

Dann teilen Sie das Blatt in drei senkrechte Spalten, sodass sich jeder Lebensbereich in folgende Felder untergliedert:

- Vision – Was will ich? Was treibt mich an?
- Ziele – Welche Ziele habe ich? Wann habe ich sie erreicht? Wie messe ich sie?
- Fokus – Wohin lenke ich meine Aufmerksamkeit jetzt?

Der Unterschied zwischen einer Vision, einem Ziel und einem Fokus ist: Die Vision ist wunderschön und weit weg. Sie gibt die Richtung an und wirkt motivierend. Wenn Sie morgens aufstehen, dann muss es kribbeln und Sie müssen richtig Lust haben, in diese Richtung zu gehen.
Ein Ziel dagegen ist greifbar. Es hat immer drei M – es ist messbar, machbar und motivierend. Wenn Sie z. B. aufschreiben: »In drei Jahren habe ich mehr Geld«, dann ist das zwar machbar, aber nicht

– – – – – –

messbar. Die Spanne reicht von einem Euro bis zig Millionen. Wenn etwas zu ungenau definiert ist, bekommen Sie kein richtiges Bild davon. Dann hapert es auch mit dem dritten M, der Motivation. Wenn Sie hingegen formulieren: »In drei Jahren habe ich meine Schulden von 10.000 Euro abbezahlt und ein monatliches Einkommen von mindestens 5.000 Euro«, erhalten Sie ein messbares Ziel. Nun können Sie es auf kleinere Schritte herunterbrechen. Sie wissen dann, worauf Sie den Fokus richten müssen und welche einzelne Maßnahmen Sie als Zwischenziele setzen, um das Endziel in drei Jahren auch wirklich zu erreichen.

Ziele müssen nicht zwangsläufig immer steil nach oben führen. Vielleicht möchten Sie zukünftig die Arbeit reduzieren und planen, in drei Jahren statt fünf nur noch vier Tage in der Woche zu arbeiten. Zusätzliche Freizeit ist wesentlich motivierender für Sie als soundsoviel Euro mehr auf dem Konto. Was zählt, ist einzig und allein die Frage: Was wollen Sie? Womit fühlen Sie sich wohl? Nach diesen Prämissen formulieren Sie Ihr Ziel.

Der Fokus ist die Handlungsprüfstelle: Er richtet Ihre Aufmerksamkeit auf die Dinge, die dazu beitragen, dass Sie Ihr Ziel erreichen. Und hilft Ihnen, das wegzulassen, was Sie vom Ziel ablenkt. Wenn Sie zum Beispiel einen Partner suchen, dann gehen Sie im Urlaub nicht in ein Familien-, sondern in ein Singlehotel. Der Fokus zeigt Ihnen Ihre konkreten Maßnahmen.

Den Plan erweitern

Neben dem 3-Jahres-Plan können Sie auch noch einen wesentlich weiter in die Zukunft reichenden Plan machen. Aufbau und Struktur bleiben gleich, nur der Zeitrahmen ändert sich. Hier können Sie festhalten, in welchen Lebensumständen Sie sich jeweils zu Ihren runden Geburtstagen befinden möchten. Mit markanten Terminen denken Sie leichter daran, die Aufzeichnungen rechtzeitig wieder hervorzukramen. Selbstverständlich sind auch hier – neben den üblichen Hakenschlägen des Lebens – jederzeit Revisionen möglich. Und auch sinnvoll.

Sehr hilfreich: der regelmäßige Abgleich

Vergraben Sie die Aufzeichnungen für Ihren Lebensplan nicht für die nächsten drei Jahre in der Schublade. Ich habe die Erfahrung gemacht, dass es mich sehr unterstützt, wenn ich alle drei Monate Zwischenbilanz ziehe. Dafür trage ich mir jeweils einen Termin in den Kalender ein. Diese regelmäßige Verabredung mit mir selbst nehme ich sehr ernst und halte sie verlässlich ein. So merke ich rechtzeitig, ob ich weiter die Zielgerade verfolge oder davon abgewichen bin und in eine völlig andere Richtung abdrifte. Es kann auch passieren, dass ich feststelle, dass ich das ursprünglich gesetzte Ziel nicht weiterverfolgen kann oder möchte.

Jemand, der davon träumt, große Kinderfeste zu organisieren, kann zum Beispiel beim ersten Test bei einem Eventveranstalter merken, dass ihm die lieben Kleinen in großer Zahl doch ganz schön auf den Geist gehen. Wie gut, dass er noch keine Ausstattung gekauft hat und die Termine erst in einem halben Jahr geplant waren. Darum der regelmäßige Check-up: Nach drei Monaten sind noch nicht viel Zeit und Energie vertan, wenn sich herausstellt, dass das Ziel nicht das richtige war.

Scheuen Sie sich also nicht, bei Bedarf die Richtung zu wechseln und den Fokus neu zu justieren. Aber unterscheiden Sie sorgfältig, ob sich Ihr Ziel tatsächlich verändert hat oder ob sich Ihnen nur die üblichen kleinen Zweifel und alten Glaubenssätze in den Weg stellen.

------

4. Halten Sie dem Gegenwind stand

Nun haben Sie allerbeste Vorarbeit geleistet. Jetzt kommt der Schritt, der die größte Herausforderung mit sich bringt: die Umsetzung! Denn auch wenn das Ziel ganz klar und der Fokus gut ausgerichtet ist – auf dem Weg dorthin können auch ein paar Stolpersteine sein. Denen können Sie aber locker ausweichen, wenn Sie sie rechtzeitig erkennen. Sehr, sehr häufig liegt dieser Stein im Weg: »Was werden wohl die Leute sagen?«

Menschen sind soziale Wesen. Das Bedürfnis, zu einer Gruppe zu gehören, steckt in uns allen. Das Problem daran ist, dass Gruppen sich durch das definieren, was alle gemeinsam haben und tun. Wer mit seiner Idee, seiner Art oder speziellen Sonderwünschen nicht zur Mehrheit passt, wird vielleicht ausgeschlossen. Jedenfalls ist das unsere stetige Befürchtung. Da reichen manchmal schon die hochgezogenen Augenbrauen einer einzigen Person, um einen Rückzieher von der Verwirklichung des Lebenstraums zu machen. Wer sich intensiv damit beschäftigt, wie die Gruppe ihn beurteilen könnte, ist bereits dabei, die Vorbehalte zu verinnerlichen. Mit der Zeit fängt er an, alle Verhaltensweisen zu meiden, die auf Ablehnung stoßen könnten – unabhängig davon, ob die anderen sie tatsächlich ablehnen.

Um sich von vermeintlichem Gruppendruck zu lösen, helfen zwei Dinge: Zum einen können Sie darauf achten, mit wem Sie über Ihre Vision sprechen und bei wem Sie sich vorläufig noch zurückhalten – bis Sie bewiesen haben, dass die Idee funktioniert. So vermeiden Sie es, von verständnislosen Kommentaren entmutigt zu werden. Die zweite Möglichkeit ist, sich in peinlichen Alltagssituationen einfach zu sagen: »Na und – ist mir doch egal!« So wie ich damals in einer der peinlichsten Situationen meines Lebens:

Für die Verabredung mit meinem neuen Freund in einem angesagten Berliner Szenelokal habe ich mich extra schick gemacht:

Das rosa Kostüm habe ich selbst entworfen und von einer Schneiderin anfertigen lassen. High Heels und Handtasche sind passend ausgesucht. Passend zum Kostüm, passend zum edlen Ambiente hier.

Im überdachten Garten vor dem Lokal entdecke ich berühmte Gesichter: Filmstars, Musiker, eine Fernsehmoderatorin. Zwischen diesen Größen muss ich durchgehen und fühle mich wie auf dem Präsentierteller. Mein Freund ist nirgends zu sehen. »Vielleicht wartet er drinnen«, denke ich und setze schwungvoll an, die kleine Treppe zur Eingangstür hinunterzugehen. Zu spät merke ich, dass die Stufen vom letzten Regenguss ekelhaft glitschig sind: Da sitze ich schon mit meinem schicken rosa Kostüm mitten in einer Dreckpfütze. Die einzige Pfütze weit und breit, genau in der bin ich gelandet! Dabei ist mir der High Heel vom Fuß gerutscht. Ich greife danach und bekomme den nächsten Schreck: Der Absatz ist abgebrochen! Plötzlich merke ich, dass mich jemand anstarrt. »Der sieht ja aus wie Götz George«, schießt es mir durch den Kopf: »Himmel, nein! Das ist er wirklich! Wow, vielleicht kann ich bald erzählen, dass mir Götz George aufgeholfen hat.« Von wegen! Er zieht nur die Augenbrauen hoch. Sein einziger Kommentar: »Besser hätte man nicht fallen können.« Mein Stolz ist angestachelt. Ich erinnere mich an einen Werbespot. Da ist einer Frau ein ähnliches Malheur passiert, und sie bricht mit coolem Handgriff auch gleich den zweiten Absatz ab, um dann königlich davonzuschreiten. Aber oh je – der Absatz in der Werbung war bestimmt angesägt! Bei mir klappt das ganz und gar nicht, und meine mühsame Anstrengung sieht bestimmt alles andere als cool aus. Endlich hilft mir ein freundlicher Kellner auf. »Nichts wie weg hier«, denke ich mir. Zu Hause angekommen, wird mir aber sofort klar: »Durch so ein dummes Missgeschick lasse ich mich bestimmt nicht davon abhalten, meinen Freund zu treffen!« In Windeseile ziehe ich mich um und schlüpfe, um ja nicht noch einmal zu stolpern, in Jeans

– – – – – –

und Turnschuhe. Als ich wenige Minuten später wieder im Lokal aufkreuze, werde ich von Götz George sogar mit einem anerkennenden Nicken begrüßt.

Hinfallen kann jeder einmal, aber vor lauter Scham im Dreck sitzenzubleiben oder zu flüchten macht die Sache nur schlimmer. Wer dagegen einfach einen neuen Versuch startet, erreicht sein Ziel. Daher lautet mein Credo: hinfallen – aufstehen – Krone zurechtrücken – weitergehen.

Das ist nach meiner Erfahrung das beste Mittel, um unerwünschte Kritik und Einmischung zu stoppen. Denn es gibt das klare Signal: Ich mache, was ich will und was ich gut finde! Egal, was ihr sagt. Mit ein bisschen Frechheit können Sie sich zumindest Respekt verschaffen. Die Angst, dann nicht mehr gemocht zu werden oder nicht mehr dazuzugehören, existiert meistens nur im Kopf. Im Gegenteil, wer auch mal als krallenbewehrte Katze konsequent für sich und seine Interessen eintritt und dabei souverän bleibt, wird viel mehr Sympathien und Anerkennung ernten als die allseits gefällige graue Maus.

Keine anonymen Miesmacher

Die Sorge, was denn die Leute denken werden, ist ein großer Hemmschuh, wenn es darum geht, das zu tun, was Sie wollen. Der Gedanke ist deswegen so bedrohlich, weil »die Leute« eine anonyme, alle Menschen umfassende Gruppe zu sein scheinen. Dabei ist es lange nicht gesagt, dass »alle« Sie für unintelligent halten, nur weil Sie die Reggaekneipe statt der Oper bevorzugen. Auch nicht, wenn es tatsächlich Stimmen gibt, die Ihnen das einreden wollen. »Das kannst du doch nicht machen, Kind, was sollen denn da die Leute sagen?!«

- - - - - -

»Mama, wer ist das eigentlich – die Leute? Kenne ich die, wo wohnen die denn?«

»Na ja, die Nachbarn halt ...«

»Echt, alle Nachbarn? Die ganze Straße rauf und runter?«

»Nein, natürlich nicht alle, aber die Frau Meier an der Ecke, die wird sich darüber bestimmt den Mund zerreißen!«

»Ach, die Frau Meier meinst du ... Na, mit der ihrem Gerede kann ich leben.«

Wenn Sie sich ganz konkret vorstellen, wer das ist, der da über Sie urteilt, merken Sie, dass die Person in Wirklichkeit gar nicht so kritisch ist. Oder dass es jemand ist, auf dessen Meinung Sie sowieso keinen Wert legen.

Natürlich kann es auch vorkommen, dass Sie tatsächlich kritisiert werden, und zwar von Leuten, deren Meinung Ihnen nicht egal ist. Trotzdem brauchen Sie sich nicht ins Bockshorn jagen zu lassen. Diese Leute kritisieren Sie vielleicht nur, weil sie selbst an ihren alten Gewohnheiten hängen. Ihre Variante haben sie noch gar nicht ausprobiert.

Einem solchen Gerede musste ich mich im Familienkreis stellen, als ich vor vielen Jahren meinen neuen Freund zur Familienweihnachtsfeier mitbringen wollte. Damit verstieß ich jedoch gegen heilige Traditionen. »Was werden deine Tanten und Onkel dazu sagen?«, bekam ich zu hören. »Schließlich hatten wir noch nie einen Außenstehenden bei der Familienfeier!« So sah ich mich gezwungen, meiner Familie ein Ultimatum zu stellen: »Entweder komme ich mit meinem Freund oder gar nicht.« Schließlich setzte ich mich durch und brachte ihn zum Weihnachtsfest mit. Es wurde für alle Beteiligten ein sehr schönes Fest – wenn auch ein bisschen anders als die vorherigen. Und jetzt bin ich schon 15 Jahre mit »diesem Freund« verheiratet.

Es lohnt sich also, trotz Kritik an den eigenen Wünschen und Ideen festzuhalten. Wenn der Versuch gelingt, können Sie damit auch andere überzeugen – und ihnen helfen, ihre festen Meinungen ein bisschen aufzulockern.

Sich nicht ständig fragen, was andere von einem erwarten, sich nicht dem Gruppendruck beugen und aus Scham klein halten, dem eigenen Willen folgen– das befreit. Es bringt Sie persönlich weiter. Und wenn Sie mit Entschlossenheit das machen, was Sie wirklich wollen, haben Sie gute Chancen auf Erfolg. Damit will ich aber nicht sagen, dass es nicht auch schiefgehen kann …

Ich bin Mitte 20 und habe eine Idee. Ein Geschäftsmodell. Zusammen mit meiner engsten und liebsten Freundin. In Hamburg auf dem Alsterfest haben wir vergeblich nach einer schicken kleinen Straßenbar mit Prosecco und edlen Weinen gesucht. Diese Marktlücke werden wir schließen! Wir freuen uns wie toll darauf, einen Sommer lang von Stadtfest zu Stadtfest zu tingeln. Italienische Musik im Hintergrund und wir zwei netten Mädels an der Theke – das kann ja nur ein Verkaufsschlager werden!

Wir teilen die Arbeiten auf: Meine Freundin recherchiert Zeit und Ort der nächsten Stadtfeste, ich übernehme den Einkauf. Von Sekt über Rotwein bis Weißwein, von Gläsern bis zum Dekomaterial besorge ich, was wir brauchen. Meine Freundin bringt die andere Hälfte des Startkapitals ein, von dem wir einen gebrauchten VW-Bus kaufen. Zu guter Letzt fällt uns ein: Einen Stand brauchen wir ja auch! Der Bruder meiner Freundin zimmert ihn rasch zusammen. Dann ist es endlich so weit: Das erste Straßenfest in Berlin am Ku'damm steht auf dem Programm! Dort stellt sich aber heraus: Wein und Prosecco sind nicht halb so gefragt, wie wir es erträumt hatten. Die teure Platzmiete von 5.000 Mark kommt nicht annähernd wieder rein. Auch den Auf- und Abbau der Straßenbar haben wir uns leichter vorgestellt und sind nun jedes Mal auf fremde Hilfe angewiesen. Natürlich geben wir nicht so schnell auf, es stehen ja noch ein paar Termine auf dem Programm. Das nächste Fest am Hamburger Gänsemarkt läuft tatsächlich etwas besser. Und dann kommt der heiße Tipp: »Uelzen – da müsst ihr unbedingt hin! Das ist das Fest aller Feste, da werdet ihr einen Bombenumsatz machen.« Also keine Frage – auf nach Uelzen! Aber oh je, es regnet und regnet und regnet. Weit und breit keine Besucher. Am Samstagmittag schmeißt meine Freundin das Handtuch. Ich bleibe allein am Stand zurück.

Dies war dann definitiv das letzte Kapitel meiner Karriere als stolze Besitzerin einer Straßenbar. Aber nicht das Ende der Geschichte. Denn jetzt sitzen wir beide mit ziemlich hohen Schulden da. Einen Teil davon versuchen wir mit dem Verkauf der Restbestände wieder reinzuholen. Von meinem letzten Geld fahre ich nach Zypern, um Abstand zu bekommen und mich von dem ganzen Ärger zu erholen. In der Zwischenzeit verkauft meine Freundin den VW-Bus – und behält den Erlös einfach für sich. So geht unsere langjährige Freundschaft in die Brüche. Die Aktion ist vollends in die Hose gegangen, könnte man meinen. Aber ich sehe das anders. Ohne den Frust über unser gescheitertes Vorhaben wäre ich nicht nach Zypern gegangen. Und hätte keine Augen gehabt für den interessanten Mann, den ich dort kennengelernt habe. Wie sich herausstellt, ist er der Mann meines Lebens: mein heutiger Ehemann Martin.

Es lohnt sich, dem eigenen Weg zu folgen – selbst wenn er ins Gestrüpp führt. Denn aus jedem Scheitern nimmt man wertvolle Erfahrungen für den weiteren Lebensweg mit. Wer schon mal im Stich gelassen wurde, wird unabhängiger. Die Erfahrung, alleine die Verantwortung für das eigene Scheitern zu übernehmen, macht erwachsen, selbstbewusst – und frei. In Zukunft wird man Unternehmungen besser planen. Und sie angehen in der Sicherheit: Selbst wenn ich damit in den Graben fahre, ich weiß jetzt, wie ich aus dem Graben wieder herauskomme!

Dazu kommt: Viele Rückschläge bringen auch große Geschenke mit sich. Positive Folgen, die im ersten Moment nicht zu erkennen waren. Eine neue Freundschaft zum Beispiel. Oder die Chance, noch mal auf einem ganz neuen Spielfeld von vorn anzufangen. Scheuen Sie sich also nicht, auch mal ein Wagnis einzugehen. Wenn Sie gut auf sich hören und Ihrer Lebenserfahrung vertrauen, werden Sie automatisch an die richtigen Lebensstationen geführt. An diesen Gabelungen kann und darf auch hin und wieder ein Misserfolg warten. Ihr vierteljährlicher Lebensplan-Check wird Ihnen helfen, sich nicht über Gebühr zu verausgaben. Aber egal, was passiert – und wenn Sie im ersten Moment absolut nichts Positives daran erkennen können –, im Nachhinein hat alles seinen Sinn. Und wenn es letztendlich »nur« eine wichtige Lernerfahrung ist.

Das schenk ich mir

- *Ich höre auf, mich nach dem zu richten, was andere von mir erwarten.*
- *Ich nehme meine Begeisterung und meinen Elan als Kompass, der mir zeigt, welche Aufgaben zu mir passen und mir Freude machen.*
- *Ich setze mich gegen Widerstände durch. Wenn erforderlich, auch gegen den Willen der wichtigsten Menschen in meinem Umfeld.*
- *Durch einen sorgfältig geführten Lebensplan und ein regelmäßiges Check-up bringe ich Ordnung in meine Vorhaben. So bekomme ich genügend Ruhe und Freiraum, mich immer wieder an neue Projekte zu wagen.*
- *Ich stehe zu meinen Fehlern und schätze Misserfolge als wertvolle Lernerfahrungen.*
- *Ich vertraue zuallererst mir selbst.*

– – – – –

3

Meißle alles weg, was nicht zum Löwen gehört

Der junge Mann auf der Massageliege hat Zeit und Raum vergessen. Sanft und sicher kreisen die Hände des Therapeuten über seinen Rücken. Dann greifen sie kräftig zu und lösen die verspannten Muskeln. Ab und zu seufzt der Massierte wohlig. Stundenlang könnte er so liegen bleiben ... Jetzt folgen ein paar kraftvolle Ausstreichungen. Linker Arm, rechter Arm, bis hinunter zu den Fingerspitzen. Ein geniales Gefühl! Mit jedem Ausstreichen verringert sich der lästige Schmerz, als würde er einfach aus dem Körper fließen.

Nach dem Ankleiden kann Felix seine Bewunderung nicht mehr zurückhalten: »Hartmut, du bist ein wahrer Engel! Warum hast du eigentlich immer noch keine eigene Praxis? Bei deinen goldenen Händen würden dir die Patienten bestimmt die Bude einrennen!« Der Therapeut schweigt, während er das Geld für die Behandlung entgegennimmt. Günstiger Freundschaftspreis, versteht sich. Ohne eigene Praxis kann er wohl kaum den marktüblichen Satz verlangen. Sein Freund rüttelt ihn sanft an der Schulter: »Hey, glaub mir, das ist kein Geschleime! Du enthältst der Welt echt was vor, wenn du deine Fähigkeiten weiter versteckst.« Hartmut lächelt. Aber sobald die Haustür ins Schloss gefallen ist, seufzt er tief. Seit Jahren träumt er von einer eigenen Massagepraxis. Immerhin hat er sich schon eine Profiliege angeschafft, mit der er ab und zu Verwandten und Bekannten etwas Gutes tun kann. Aber Praxisräume kosten viel Miete, und die nötige Werbung ist auch teuer. Das Risiko ist ihm zu hoch. Was, wenn dann doch keiner kommt? Es gibt ja schon genug Masseure in der Kleinstadt. Und so toll, dass die Kunden der anderen zu ihm wechseln werden, ist er sicher auch nicht. Seine Freunde sind da voreingenommen, deren Lob kann er nicht vertrauen. Dann lieber noch ein paar Seminare machen. Zusatztechniken bringen Sicherheit. Seine Frau wird zwar die Augen verdrehen, weil die ganze Wand bereits voller Zertifikate hängt. Was würde sie erst sagen, wenn er für eine unsichere Selbstständigkeit seinen festen Job aufgäbe?

Hartmuts Leben ist bis heute unverändert – und das, obwohl er völlig unzufrieden ist mit seinem Hauptberuf als Techniker. Alle seine Freunde sind sich einig: Eine Massagepraxis würde viel besser zu ihm passen. Es ist beeindruckend, wie sehr er in sich ruht und an Präsenz gewinnt, wenn er eine seiner unvergleichlichen Massagen gibt! Ich durfte schon mehrmals in den Genuss kommen und wünsche ihm sehr, dass er bald sein enormes Potenzial erkennt.

Doch das aufrichtige Lob und die Dankbarkeit seiner Patienten scheinen ihn gar nicht zu erreichen. Er traut sich einfach nicht, den entscheidenden Schritt zu unternehmen. Auf jeden Versuch, ihn zu motivieren, reagiert er postwendend mit einem »Ja, aber …«.

Motivationskiller »Ja, aber …«

Ein Wunschtraum kann noch so verlockend sein. Seiner Verwirklichung stellen sich trotzdem scheinbar unüberwindbare Hinder-

------

nisse in den Weg: finanzielle Schwierigkeiten, fehlende Zeit, der Widerstand von Angehörigen – vor dem Ziel türmen sie sich auf wie der Himalaja. Ohne gute Ausrüstung und langjähriges Training nicht zu überwinden. Wer seinen Weg so verstellt findet, kommt leicht auf den Gedanken: Das brauche ich gar nicht erst zu versuchen, es klappt ja doch nicht.

Und da liegt der Knackpunkt: Das eigentliche Hindernis sind nicht die Investitionskosten oder der Widerstand der Ehefrau. Ob die wirklich so unüberwindlich groß wären, stellt sich erst heraus, wenn man die Sache angeht. Dazu kommt es vor lauter Bedenken aber gar nicht. Also sind das eigentliche Hindernis die Bedenken und Sorgen. Die Neigung, auf jede Idee, die einem insgeheim gefällt, mit einem »Ja, aber« zu reagieren.

So ein »Ja, aber …« kommt rasch über die Lippen – in der Regel schneller als der restliche Satz. Das kurze Stocken bis zur ausführlichen Begründung spricht für sich: Es heißt, dass der Sprecher schon weiß, *dass* er einen Einwand bringen will, bevor er weiß, welchen. Es geht also gar nicht wirklich um das Argument, das dann hervorgebracht wird. Dahinter sitzen gut versteckt grundlegende Ängste: die Angst, den Lebensunterhalt zu verlieren; die Angst, verlassen zu werden; die Angst, nicht gut genug zu sein; die Angst vor Blamage; die Angst, die Kontrolle zu verlieren.

Selten ist uns dieser Zusammenhang bewusst. Wir gehen unseren eigenen, vagen Vorwänden auf den Leim. Grund genug, solche Sätze genauer unter die Lupe zu nehmen. Bei der Massagepraxis lassen sich die Einwände so auflösen:

»Ja, aber was mache ich, wenn ich jeden Monat eine horrende Miete für die Praxis zahle und dann nicht genügend Kunden kommen?«
Übersetzt: »Ich habe keine Lust, so viel Verantwortung zu übernehmen, und außerdem habe ich Angst, das finanzielle Risiko zu tragen.«

»Ja, aber Massage-Therapeuten gibt es doch schon wie Sand am Meer. Die werden gerade auf mich gewartet haben.«
Übersetzt: »Ich fühle mich dem Konkurrenzdruck nicht gewachsen. Ich scheue den Konflikt und befürchte, dass mein Selbstbewusstsein dafür nicht ausreicht.«

»Ja, aber ich bin noch nicht so weit. Ich brauche noch mehr Fortbildungen.«
Übersetzt: »Ich möchte immer alles richtig machen. Und ich habe große Angst, zu versagen.«

»Ja, aber meine Frau hat jetzt schon die Nase voll von den teuren Kursen. Was wird sie sagen, wenn ich auch noch Geld für die Einrichtung und Miete ausgebe?«
Übersetzt: »Es ist mir zu anstrengend, meine Interessen gegen den Willen meiner Frau durchzusetzen. Ich fühle mich dabei unterlegen und abhängig. Und vielleicht muss ich dann sogar Angst haben, dass sie mich verlässt.«

Angst hat viele Gesichter. Der Grundzug ist aber immer der gleiche: Wir wollen Schmerz vermeiden. Das ist normal und vernünftig. Aber manchmal ist das Bedürfnis, Schmerz zu vermeiden, stärker als der Wunsch, die eigenen Träume zu verwirklichen. Weil wir kein Risiko eingehen wollen, verzichten wir darauf, unser Glück zu suchen. Wir bleiben stehen, damit wir uns nicht unterwegs das Bein brechen können. So bleibt alles beim Alten. Nichts ändert sich. Vor Fehlschlägen und schmerzhaften Erfahrungen ist man so geschützt. Aber eben auch vor dem Erfolg, vor dem großen Glück, vor einer großen Portion Lebensfreude. Das Ziel, das man für sich gefunden hat, kann so niemals erreicht werden.

Einfach nur zu sich selbst zu sagen: »Jetzt trau dich halt mal was!«, führt auch nicht wirklich weiter. Es geht darum, sich selbst

------

zu überzeugen. Die Ängste zu entkräften und die Vorfreude auf das erreichte Ziel so stark wie möglich zu machen.

Kurz: Wenn Sie Ihr Ziel erreichen wollen, müssen Sie an sich arbeiten. So wie ein Bildhauer an einer Statue arbeitet.

Den Schatz freilegen

Ein Bildhauer schaut sein Rohmaterial an und denkt: »Toller Stein! Was möchte er mir wohl sagen, was ist in ihm versteckt? In welcher Skulptur kommt seine volle Pracht zum Ausdruck?« Und so betrachtet er den Stein von allen Seiten und kommt zu der Einsicht, dass sich in dem unbehauenen Alabasterklotz ein Löwe verbirgt. Er nimmt Hammer und Meißel und schlägt zuerst die gröbsten Brocken weg. Zack, zack, zack, das geht ziemlich fix. Trotzdem muss er vorsichtig zu Werke gehen, damit genügend Substanz für den Löwen bleibt.

Jetzt kann er schon grobe Konturen einzeichnen und klopft mit kleinen und immer kleineren Meißeln vorsichtig weiter. Keine Frage – da steckt wirklich ein Löwe drin! Er ist schon ganz deutlich zu sehen. Nach den Meißeln kommt das Schleifpapier, um alle Riefen zu entfernen. Der Bildhauer beginnt mit einer groben Körnung und beendet sein Werk schließlich mit feinster Stahlwolle. Am Schluss wird der Stein noch eingeölt. Der sanft schimmernde Alabaster hat den Löwen in voller Schönheit freigegeben!

Eine Wunschvorstellung, die uns inspiriert und beseelt, ist wie der im Stein versteckte Löwe. Wir sehen sie förmlich vor uns, das Ergebnis sieht fantastisch aus und wirkt extrem anziehend. Doch noch während wir in der tollen Vision schwelgen, melden sich plötzlich Bedenken: »Aber das geht doch nicht, weil …« Das imposante Weil steht jetzt wie ein unverrückbarer Fels vor uns. Und sagt so entmutigende Sätze wie: »Aber du kannst diesen Laden nicht eröffnen, weil du niemals so viel Geld zusammenbekommst!« »Aber diese Beziehung hat überhaupt keine Zukunft, weil er (oder sie) viel zu weit weg wohnt und du unmöglich umziehen kannst!« »Aber du wirst diese Rolle nie bekommen, weil du nämlich überhaupt nicht singen kannst!« Doing, das sitzt!

Ein Weil ist nur deshalb so mächtig, weil es uns vorgaukelt, es gäbe nur entweder-oder. Entweder ich bringe das Startkapital für meinen Laden auf oder ich verzichte ganz auf den Traum. Entweder ich ziehe zu meinem neuen Freund oder ich gebe die Beziehung gleich wieder auf. Entweder ich singe auf der Bühne wie Maria Callas oder ich sitze im Zuschauerraum. Und da das Entweder nicht möglich scheint, bleibt nichts anderes übrig als das Oder. Der Verzicht. Das Stehenbleiben.

Was nun? Die Lösung besteht darin, wie ein Bildhauer Schritt für Schritt an die Sache heranzugehen. Für uns heißt das, die dritte Möglichkeit zu finden, jenseits von entweder und oder. Und die vierte, fünfte, sechste. Es gibt viel mehr Möglichkeiten, als im ersten Moment sichtbar sind. Es sieht so eindeutig aus: Um einen eigenen Laden zu eröffnen, braucht es ein gewisses Startkapital; wer das nicht aufbringt, muss halt verzichten. Aber so eindeutig ist es nicht. Sie könnten sich auch erst mal ein Ladenlokal mit jemandem teilen. Oder in Ihrem Gartenhäuschen an jedem Samstag einen Verkauf veranstalten und Stammkunden gewinnen. Oder Ihre Waren im Internet anbieten und verschicken. Oder oder oder.

Unter den verschiedenen Ideen findet sich garantiert eine, die sowohl verlockend als auch machbar ist! Um die zu finden, gehen Sie mit mir die folgenden drei Schritte:

1. Packen Sie den Werkzeugkoffer aus.
2. Meißeln Sie die dicksten Brocken weg.
3. Weitermachen, bis sich der Löwe zeigt!

------

1. Packen Sie den Werkzeugkoffer aus

Wer einen Traum hat, sieht zwei Möglichkeiten: Entweder er erfüllt die hohen Anforderungen, um seinen Traum zu verwirklichen, oder er scheitert kläglich. Das stimmt nicht. Es gibt in Wahrheit viele Möglichkeiten. Wo wäre der Bildhauer gelandet, wenn er nur einen einzigen, dicken Meißel zur Verfügung gehabt hätte? Der Stein wäre in kürzester Zeit in tausend Splitter zerbrochen, der Löwe hätte sich nie gezeigt. Aber er verfügt vom groben Meißel bis zur Stahlwolle über einen gut gefüllten Werkzeugkasten. Einen solchen Koffer voller Werkzeug haben auch Sie: Kreativität, Fantasie und Lebenserfahrung stehen immer frei zu Ihrer Verfügung. Es geht nur darum, sie auszupacken und anzuwenden.

Lösen Sie die Handbremse und lassen Sie die Ideen frei fließen! Das geht mit einem klassischen Brainstorming. Am besten im Gespräch mit einer vertrauten Person, da können Sie sich gegenseitig die Bälle zuspielen und einander auf ganz neue Gedanken bringen. Sie können sich aber auch alleine an einen anregenden Ort setzen oder bei einem Spaziergang die Gedanken kommen lassen. Alles dreht sich um die Frage: Was gäbe es denn für Alternativen, um Ihr Ziel doch zu erreichen? Ihre konkrete Überlegung könnte z. B. heißen: »Wie bekomme ich in zwei Monaten so viel Geld zusammen, dass ich den Laden trotzdem übernehmen kann?« Lassen Sie die Ideen ganz unzensiert kommen. Vom Anpumpen eines weit entfernten Erbonkels oder einer Großanzeige in der Bildzeitung über eine witzige Facebook-Aktion oder eine amerikanische Versteigerung Ihrer CD-Sammlung bis zur Bewerbung bei einer Fernsehshow – nichts ist zu blöd, zu ungewöhnlich oder zu unrealistisch, dass Sie es nicht kurz notieren sollten. Erst wenn wirklich keine einzige Idee mehr kommt, ist es an der Zeit, die Einfälle zu sortieren. Welche dieser vielen Ideen könnte sich tatsächlich realisieren lassen? Vielleicht muss nur ein bisschen daran geschliffen werden, damit sie umsetzbar ist. Dann wird aus der Großanzeige in der Bildzeitung halt eine Annonce in der regionalen Tageszeitung mit der Suche nach solventen Geschäftspartnern.

Hilft Ihnen auch das Brainstorming nicht dabei, Ihre Ideen zum Sprudeln zu bringen, probieren Sie es mit einer kleinen Erweiterung – dem imaginären Brainstorming. Damit tricksen Sie Ihren Verstand gekonnt aus. Der hat sich vielleicht schon so sehr auf das »Entweder-oder« eingeschossen, dass keine Lösung mehr erscheinen will. Der Weg aus dem Dilemma: Abstraktion!

Wie Eichhörnchen Fußball spielen

Wer sich ständig darauf fokussiert, wie schrecklich er sich beim allerersten Auftritt als Solosänger blamieren könnte, ist kaum entspannt genug, um sich eine Erfolgsstrategie zurechtzulegen. Hier ist etwas Zerstreuung angesagt – gut gewürzt mit einer Prise Humor. Formulieren Sie dafür möglichst konkret das Problem bzw. den Lösungswunsch. Er könnte z. B. lauten: »Wie schaffe ich es auch mit meiner Stimme, die Rolle zu bekommen und Erfolg zu haben?« Probieren Sie es einmal aus, in Ihrer Fantasie so kreativ und verrückt wie möglich zu sein. Kommen Sie weg vom logischen Analysieren hin zum kreativen Fabulieren. Stülpen Sie Ihrem Problem ein lustiges Fantasiekostüm über. Dazu suchen Sie einfach nach einer passenden Analogie: »Also ich und singen … Na ja, das ist wohl ähnlich schwierig, als wenn Eichhörnchen Fußball spielen lernen müssten.« Damit hätten Sie auch schon die Entsprechung zu Ihrer Problemstellung: »Wie schaffen es Eichhörnchen, Fußball spielen zu lernen und ein Spiel zu gewinnen?«
Wenn Sie jetzt nach Lösungen suchen, stellen Sie sich die Ideen am besten wie in einem Zeichentrickfilm vor. Dadurch können die Einfälle gar nicht verrückt genug sein. Und dann legen Sie los: 1. Die Eichhörnchen bekommen ein Saisonticket für den FC Bayern, 2. Ich

---

stelle ihnen den Bundestrainer als Ausbilder an die Seite, 3. Alle Eichhörnchen fliegen für vier Wochen in ein Eichhörnchen-Trainingscamp, 4. Sie bekommen eine Gehirnwäsche und vergessen dabei, dass sie Eichhörnchen sind, 5. Sie müssen drei Stunden am Tag mit den Eicheln Tore schießen lernen, 6. Sie erfinden eine einzigartige Spielmethode, bei der sie ihren Eichhörnchenschwanz einsetzen …

Egal, ob Sie diese Technik allein oder zu zweit ausprobieren – einmal angefangen, möchte man gar nicht mehr damit aufhören. Kein Wunder, es wurde ja auch der Verstand aus- und der Spieltrieb eingeschaltet. Nun werden die Lösungen nur noch auf das aktuelle Problem übertragen. Das könnte in etwa so aussehen: 1. Ich schreibe mich für ein halbes Jahr in der örtlichen Musikschule ein und schaue mir dabei an, wie andere Sänger das machen, 2. Ich engagiere eine private Gesangslehrerin, 3. Ich mache Urlaub in einem Ferienclub und wirke bei der Abendgestaltung als Musicalsänger mit, 4. Ich blende die Gedanken über mein fehlendes Talent völlig aus, 5. Ich übe mich jeden Tag mehrere Stunden im Singen, 6. Ich finde heraus, was an meiner Stimme einzigartig ist, und betone diese Besonderheit.

Erst wenn Sie all diese Methoden ausprobiert haben und Ihnen Ihre Freunde immer noch sagen, dass Sie singen wie eine rostige Gartentür, erst dann ist es Zeit, sich einzugestehen: »Offenbar liegen meine Talente wirklich woanders.« Dann sollten Sie keine Energie mehr auf Ihre Sängerkarriere verschwenden und sich stattdessen das suchen, worin Sie richtig gut sind.

Was beim imaginären Brainstorming so genial ist: Sie haben Ihr Werkzeug wirklich immer dabei und können es an jedem Ort und zu jeder Zeit ausprobieren. Sie können sich damit auf langen Zugfahrten die Zeit vertreiben, die Wartezeit beim Arzt überbrücken und – ganz besonders ergiebig – die Fantasie von Kindern zu Hilfe holen.

2. Meißeln Sie die dicksten Brocken weg

Wo ein Wille ist, ist auch ein Weg – an dem Sprichwort ist sicher was dran. Aber es gibt Momente, da geht es trotzdem nicht, mag der Wille noch so groß sein. Da nützt es dann nichts, wenn Sie sich klare Strategien und kreative Lösungswege ausdenken. Sie kommen einfach nicht voran.

»Ich erreiche niemanden, der für die Gewerbeanmeldung zuständig ist.« »Auf meine Zeitungsannonce hatte ich nur drei Anrufe, und die waren alle nicht wirklich als Sponsoren geeignet.« »Die Gesangslehrerin hat erst wieder in einem halben Jahr Termine frei.« Frustrierend. Aber horchen Sie mal in sich hinein: Warum lassen Sie sich davon so entmutigen und versuchen es nicht einfach auf einem anderen Weg? Gibt es etwas, das Sie zurückhält?

Meistens sind es nicht die äußeren Umstände, die im Weg stehen. Es sind vielmehr innere Hindernisse, die wir gar nicht bewusst wahrnehmen. Selbst wenn die Ängste entkräftet sind, die am Anfang das Loslaufen verzögert haben, tauchen unterwegs neue Stolpersteine und Blockaden auf. Irgendetwas, das sagt: »Das hier solltest du gar nicht tun. Es ist schlecht, es ist falsch, es passt nicht zu dir, es kann nicht funktionieren.« Solche Überzeugungen halten Sie davon ab, Ihr Ziel mit aller Kraft und aller Kreativität zu verfolgen. Das muss nicht sein. Machen Sie sich diese Überzeugungen bewusst, und dann räumen Sie auf!

»Weg damit! Entrümpeln befreit.« Super Buch – als ich das gelesen hatte, war mir alles klar: Ich habe einen Klamottentick! Mein Kleiderschrank braucht unbedingt Luft. Alles, was ich seit einem Jahr nicht mehr getragen habe, muss raus! In rasantem Tempo sortiere ich aus. Die geblümte Caprihose? Schon seit zwei Jahren nicht mehr getragen – weg! Der lindgrüne Kaschmirpulli? Die Farbe passt doch eigentlich gar nicht mehr zu mir – weg!

Das Businesskostüm? Der Rock kneift so sehr, dass ich mich in ihm kaum etwas zu essen traue. Also weg! Die leichten Baumwollkleider aus dem Urlaub? Pure Nostalgie, die hängen schon seit fünf Jahren ungetragen herum – weg!

Der Kleiderberg wird höher und höher. Ich fühle mich sehr beschwingt. Herrlich, diesen Ballast loszuwerden! So, das wäre es dann. Wie kann man sein Zeug nur so lange aufheben ... Toll, wie locker die restlichen Sachen jetzt im Schrank hängen! Im Zimmer dagegen ist kaum noch Platz zum Treten. Zum Glück habe ich genügend große Tüten. Aus einem großen, blauen Plastiksack werden zwei, dann drei und schließlich vier. Während ich die Kleidung ordentlich zusammenfalte und Stück für Stück verstaue, fange ich an zu zögern: Will ich das wirklich alles weggeben? An manchen Sachen hänge ich schon sehr! Okay, dann wird das alles jetzt erst einmal zwischengelagert! In ein paar Tagen kann ich es noch einmal durchgehen und entscheiden, was ich behalte und was ich endgültig aussortiere. Wenig später stehen die Säcke an einem trockenen Platz in der Garage. Ich bin stolz, beim Thema Loslassen einen großen Schritt vorangekommen zu sein, und gönne mir eine Tasse Kaffee. Unsere Putzhilfe ist auch gerade mit ihrer Arbeit fertig geworden. Bevor sie geht, steckt sie noch ihren Kopf zur Küche herein und fragt: »Soll ich den Müll mitnehmen?« »Ja danke, prima!«, antworte ich und lasse mir den Kaffee weiter schmecken.

Eine Woche später: Wo ist nur die hellgrüne Chiffonbluse? Die würde sich jetzt prima zum neuen Top machen! Ach ja, klar, die hatte ich aussortiert! Ich muss mich wirklich bald daran machen, die endgültige Auswahl zu treffen. Entrümpeln hin oder her – es geht wirklich nicht an, alle diese schicken, teuren Sachen so leichtfertig herzugeben. Aber jetzt suche ich zuerst die Bluse wieder raus. Hoffentlich steckt sie nicht ganz unten im Sack ... Aber – sie steckt nirgendwo. Weder unten noch oben, noch rechts noch links. Denn in der Garage herrscht gähnende Leere.

– – – – – –

Die vier großen Plastiksäcke sind weg, wie vom Erdboden verschluckt. Ich zergrüble mir den Kopf, komme auf keine Erklärung. »Haben Sie eine Ahnung, wo die vier Säcke mit meiner ganzen Kleidung geblieben sind?«, frage ich völlig ratlos meine Putzhilfe, die heute wieder ihre wöchentliche Runde macht. »Äh, ja schon, aber ...«, stottert sie, plötzlich ganz blass geworden. »Die sind doch schon lange in der Kleidersammlung. Sie hatten mir doch gesagt, dass ich sie mitnehmen soll!«

Nein, ich habe sie nicht entlassen. Obwohl es im ersten Moment richtig wehgetan hat – meine vielen schönen Sachen! Aber diesen Verlust hatte ich mir selbst zuzuschreiben. Und eigentlich hatte sie mir einen Gefallen getan. Denn ich habe viel aus der Erfahrung gelernt. Nicht nur, dass ich es seitdem sehr schätze, einen luftigeren Kleiderschrank zu haben ...

Drei Erkenntnisse waren besonders wichtig für mich:

- Wer Altes loslässt, schafft Platz für Neues. Je länger sich der Ballast ansammelt, umso schwerer wird das Loslassen.
- Alte Gewohnheiten und Überzeugungen zu verändern kann richtig wehtun. Das heißt aber nicht automatisch, dass die Entscheidung nicht stimmt. Es bedeutet nur: Die Veränderung ist ungewohnt und stellt eine neue Herausforderung dar.
- Wenn sich die Überzeugungen ändern, ändern sich auch die äußeren Bedingungen. Jetzt kann endlich frischer Wind einkehren.

Die heiße Spur: Unbewusste Glaubenssätze

Erst als ich in einem schlauen Buch gelesen hatte, was für Denkmuster uns daran hindern, alte Dinge loszulassen, gelang es mir, meine Kleider auszusortieren. Vorher hatte ich tausend Gründe

------

gehabt, um es weiterhin aufzuschieben: Nein, den Sonnenhut darf ich nicht weggeben, den hatte ich mir doch extra für den Portugal-Urlaub gekauft. Vielleicht nehme ich eines Tages fünf Kilo ab, dann passe ich auch wieder in die Designerjeans. Andere wären glücklich, so viele hübsche Sachen zu haben. In fünf Jahren sind die Sachen wieder in, dann ärgere ich mich, wenn ich sie weggeworfen habe.

Doch was lag wirklich hinter meinen Ausflüchten? Es war meine tiefe Überzeugung: Eines Tages werde ich das alles wieder brauchen können! Solche Überzeugungen können selbst die besten Initiativen sabotieren.

Da hat jemand wirklich sehr einfallsreiche Ideen, um an Geld zu kommen. Idiotensicher, könnte man fast sagen. Aber wenn derjenige eine tiefe Überzeugung, also einen sogenannten Glaubenssatz in sich trägt, der diesen Ideen entgegenwirkt, kann er sich anstrengen, wie er will, es bringt nichts. In diesem Fall könnte der verdeckte Glaubenssatz heißen:»Wer in unserer Familie einen Laden aufmacht, geht pleite.« Dieser Satz geistert vielleicht schon in der Familie herum, seitdem Uropa und Opa mit ihren Geschäften baden gingen. Daraus wurde dann eine unausgesprochene Gesetzmäßigkeit abgeleitet. Alle Söhne der Familie bevorzugen es seither unbewusst, als Angestellte zu arbeiten. Wen wundert es da noch, dass die Geldbeschaffung für den neuen Laden einfach nicht klappen will? Der Glaubenssatz sorgt dafür, dass der Gründer immer im entscheidenden Moment unsicher wird und sich ein bisschen ungeschickter verhält, als er eigentlich könnte. Er tritt möglichen Geschäftspartnern gegenüber nicht völlig überzeugend auf, weil er selbst nicht völlig überzeugt ist. So hat er kaum eine Chance auf Erfolg. Hier erfüllt ein altes Selbstschutzprogramm treu und brav seinen Dienst!

Jetzt wird klar, wie elementar wichtig es ist, den inneren Widerständen nachzugehen und die dahinter verborgenen Glaubenssätze aufzuspüren. Sie kommen in der Regel ziemlich dogmatisch und unumstößlich daher. Sie klingen nach einem unwiderruflichen Urteil, dem man sich nicht in den Weg stellen kann. In ihnen verbergen sich oft Verallgemeinerungen wie »Männer«, »Frauen«, »jeder über fünfzig« oder »alle Akademiker«. Sie beharren meistens auf Ausschließlichkeit und beinhalten »immer« oder »nie«: »In unserer Familie sind alle unmusikalisch«, »Ich bin in Mathe eine komplette Niete«, »Männer lassen einen immer im Stich«, »Frauen sind berechnend«, »Eine gute Mutter geht nicht arbeiten«, »Dafür bin ich zu alt«, »Ein Mann töpfert nicht«, »Geld ist bei mir ein Durchlaufposten«, »Nur Singles können auswandern, Paare zerbrechen daran«. Und so weiter.

Manche Glaubenssätze tarnen sich auch geschickt als Sprichwörter, deren Wahrheitsgehalt kaum jemand anzweifelt: »Eigenlob stinkt«, »Schuster, bleib bei deinen Leisten«, »Was Hänschen nicht lernt, lernt Hans nimmermehr«, »Man soll den Tag nicht vor dem Abend loben«, »Lieber den Spatz in der Hand als die Taube auf dem Dach« etc.

Nehmen Sie jeden Glaubenssatz einzeln unter die Lupe

Was tun, wenn Sie feststellen, dass auch in Ihnen verborgene Glaubenssätze herumgeistern? Das an sich ist noch nicht schlecht. Es gibt auch Glaubenssätze, die Kraft geben. Die Sätze sind ja nicht von alleine entstanden und wurden nicht umsonst so oft wiederholt, dass sie sich tief eingeprägt haben. Irgendwann einmal hatten sie einen positiven Sinn. Der Satz »Was Hänschen nicht lernt, lernt Hans nimmermehr« soll zum Beispiel Kinder dazu anregen, möglichst viel möglichst bald zu lernen. Nur: Seit Sie den Satz verinnerlicht haben, haben sich die äußeren Umstände verändert und Sie selbst auch. Es kann sein, dass ein Glaubenssatz, der früher einmal in einer gewissen Situation hilfreich war, Ihnen jetzt schadet. Schreiben Sie daher Ihre Glaubenssätze auf. Dann nehmen Sie einen Satz nach dem anderen unter die Lupe, indem Sie sich die folgenden drei Schlüsselfragen stellen:

1. Entspricht diese Aussage wirklich meiner innersten Überzeugung? (Oder höre ich da jemand anderen, von dem ich sie übernommen habe?)
2. Bringt mich diese Aussage dazu, mir mein Leben einfacher zu machen?
3. Werde ich mit dem Verinnerlichen dieses Satzes glücklicher, freier, zufriedener?

So kommen Sie Widersprüchlichkeiten auf die Spur, die Sie bisher am Vorankommen gehindert haben. Nur wenn Sie alle drei Fragen mit einem klaren Ja beantworten können, wird sich der Glaubenssatz rundum positiv auf Ihr Leben auswirken.

Manche Glaubenssätze sind besonders stark, weil sie nicht nur von einzelnen Personen oder Familien hochgehalten werden, sondern von einer ganzen Gruppe. In meinem Fall war es das »Raucherkollektiv«. Vor fünfzehn Jahren fasste ich den Entschluss, endgültig das Rauchen aufzugeben. Dazu hatte ich davor schon zwei- oder dreimal erfolglos angesetzt. Als ich im Freundeskreis von meinem neuen Vorsatz erzählte, sagte mir einer: »Du, ausgerechnet du – du wirst das niemals schaffen!« Ha – dem werd ich's zeigen: Mit seinem spöttischen Kommentar hatte er meinen Widerspruchsgeist angestachelt. Jetzt forschte ich bei mir nach, warum ich es bisher nicht geschafft bzw. es erst gar nicht ernsthaft versucht hatte. Dabei wurde mir klar: Ich hatte höllische Angst, dick zu werden! »Frauen, die sich das Rauchen abgewöhnen, nehmen zu« ist ein extrem stark wirkender Glaubenssatz, er wird von Rauchern auf der ganzen Welt als unumstößliche Wahrheit angesehen und durch zahlreiche Exraucher bestätigt. Da blieb mir nichts weiter übrig, als

------

mich wagemutig zu entschließen: »Dann werde ich eben die erste Frau, die aufhört zu rauchen und nicht zunimmt.« Mit war natürlich klar, dass der reine Entschluss nicht ausreichen würde. Also kombinierte ich meine Raucherentwöhnung mit viel Sport und Umstellung auf gesunde Ernährung. So lange, bis es sich bewahrheitete – ich war in meinem Bekanntenkreis die erste Frau, die das Rauchen aufgegeben und nicht zugenommen hatte.

Es reicht nicht aus, einen Glaubenssatz nur als negativ zu entlarven und schon verliert er – puff – seine Wirkung. Die alten Überzeugungen haben beim jahrelangen Befolgen feste Bahnen im Gehirn gezogen und eigene Schaltkreise erzeugt. Die Synapsen haben sich dabei fest vernetzt und lösen sich nur von der alten Gedankenverknüpfung, wenn ihnen dafür eine neue Möglichkeit zur Verankerung geboten wird.

Am praktischsten ist es daher, Sie gehen gründlich in sich. Warum kommen Sie nicht voran, was für Überzeugungen stehen Ihnen im Weg? Schreiben Sie alle entmutigenden, reglementierenden Sätze auf, die jetzt in Ihnen hochkommen. Dann nehmen Sie sich Satz für Satz vor und geben jeder Annahme eine positive Bedeutung. Machen Sie z. B. aus einem nebulösen »Mit Hobbys verdient man kein Geld« ein konkretes »Mit meinem Hobby, Schmuck zu gestalten, kann ich viel Geld verdienen«. Haben Sie das Sprichwort »Eigenlob stinkt« verinnerlicht, hilft Ihnen ein »Ich spreche nur positiv und wohlwollend über mich« sicherlich auch beim Eigenmarketing. Damit die frisch kreierten Glaubenssätze aber keine hohlen Phrasen bleiben, ist mehr erforderlich, als nur ein paar Worte auszutauschen.

Machen Sie Ihre Glaubenssätze zu Komplizen!

Was auch immer Sie verändern oder umdrehen – es muss durch ständige Wiederholung sehr viel Aufmerksamkeit bekommen, um sich fest im Denken und Handeln zu verankern. Machen Sie Ihre neuen Sätze vor allem dort sichtbar, wo sich früher Ihre alten Glaubenssätze gezeigt haben. Wenn ein »Dafür bin ich zu alt« einem »Ich bin jung genug, um Neues zu wagen« weichen soll, erleichtern Sie dies mit aktuellen, attraktiven Fotos von sich. Die verteilen Sie gut sichtbar an allen Spiegeln in der Wohnung, am Kleiderschrank, in Ihrem Geldbeutel etc. Oder schreiben Sie sich Ihre neuen Glaubenssätze auf Pappkärtchen. Aus diesem Set ziehen Sie jeden Morgen die Karte des Tages und nehmen sie überallhin mit. Wiederholen Sie den Tagessatz laut oder leise so lange, bis er Ihnen ganz natürlich über die Lippen kommt. Achten Sie auch auf alle Aussagen in Ihrem Umfeld, durch die Ihre neuen Sichtweisen bestätigt werden. Machen Sie sich dazu Notizen oder schneiden Sie passende Artikel aus Zeitschriften aus. Dadurch verliert auch ein stark kollektiv geprägtes altes Glaubensmuster mehr und mehr seine Gültigkeit. »Wer in unserer Familie einen Laden aufmacht, geht pleite«: Wer von dieser Überzeugung blockiert ist, könnte sich außerhalb der Familie geschäftlich erfolgreiche Vorbilder suchen. Vielleicht ist es möglich, persönlich Kontakt zu knüpfen und von praktischen Insidertipps zu profitieren. Damit fällt es leichter, einen neuen Glaubenssatz hochzuhalten, z. B.: »Ich bin bestens geeignet, erfolgreich einen Laden zu führen.«

- -

Es gibt keine unumstößlichen Wahrheiten. Jeden Glaubenssatz können Sie mit Recht anzweifeln. Auch wenn Sie Ihre Glaubenssätze neu formulieren, werden Sie am Schluss wieder neue Glaubenssätze haben. Mit dem Unterschied, dass diese jetzt frei gewählt und passend auf Ihre Ziele ausgerichtet sind. Ein weiterer Vorteil: Da Sie sich bewusst dafür entschieden haben, wird es leichter, die frisch geschaffenen Überzeugungen zu einem späteren Zeitpunkt wieder zu hinterfragen und an veränderte Lebenssituationen anzupassen.

Nachdem Sie nun einen Rucksack voller neuer Glaubenssätze haben, können Sie gleich zum dritten Schritt übergehen.

- - - - - -

3. Weitermachen, bis sich der Löwe zeigt!

Wenn mit den inneren Blockaden die dicksten Brocken aus dem Weg geräumt sind, ist der Löwe bzw. das Ziel zwar schon in groben Konturen sichtbar. Doch bis zum Feinschliff steht noch viel Einsatz an. Und jetzt folgt eine der größten Herausforderungen: sich von nichts und niemandem ablenken lassen!

Es ist schon schwer genug, die inneren Sabotageprogramme in den Griff zu bekommen. Doch von außen zieht und zerrt es manchmal ebenso heftig. Da haben Sie z. B. nach vielem Hin und Her glücklich den Donnerstagnachmittag für Ihre private Weiterbildung reserviert – und was passiert? Genau in diese Zeit soll plötzlich das wöchentliche Firmenmeeting verschoben werden.

Auch das ist typisch: Nach langem Einsatz in der Nachbarschaftshilfe haben Sie sich von der ehrenamtlichen Tätigkeit zurückgezogen. Das hat viel Überwindung gekostet. Aber jetzt fühlen Sie sich frei wie schon lange nicht mehr. Und möchten die neu gewonnene Kraft und Zeit für sich und Ihren Partner nutzen. Als Sie gerade verträumt im Reisekatalog blättern, klingelt es. Draußen steht die Nachbarin und ringt die Hände. Sie müsste dringend ein paar Tage weg und hat niemanden, der in dieser Zeit nach ihrer alten Mutter sieht …

Oder Sie sind nach Wochen intensiver Arbeit kurz vor dem Ziel. Nächtelang haben Sie recherchiert und geplant, das Konzept ist so gut wie fertig. An diesem Wochenende wollen Sie alles in Reinform bringen, um dann pünktlich am Montag den Antrag auf Existenzgründungszuschuss abzuliefern. Plötzlich rufen Freunde aus Dänemark an. Sie sind auf der Durchreise, man hat sich lange nicht gesehen. Ob sie sich wohl bei Ihnen einquartieren dürften? Oh, jetzt wird's haarig …

Oder Sie sind gerade mit viel Selbstüberzeugungsarbeit Ihren alten Glaubenssatz losgeworden, dass Sie viel zu schüchtern sind, um vor einer Gruppe zu sprechen. Der Termin für Ihren ersten

------

öffentlichen Vortrag an der Volkshochschule zu Ihrem Herzensthema steht. Der Kommentar Ihrer Mutter:»Also, mir wäre das ja peinlich, mich so zu produzieren.«

Oder Sie haben einen neuen Freund, sind Feuer und Flamme und planen, mit ihm zusammenzuziehen. Eifrig besprechen Sie, wo in der gemeinsamen Wohnung welche Möbel stehen werden und wie Sie das Extrazimmer nutzen. Da sagt Ihre beste Schulfreundin:»Bist du sicher, dass du das Bad mit jemandem teilen und abends diskutieren willst, ob Fußball oder Talkshow geguckt wird? Du gibst doch ganz viel Unabhängigkeit damit auf, um die habe ich dich immer beneidet.«

Kein Zutritt für Zeiträuber und Nörgler

Um weiterhin konsequent am Löwen arbeiten zu können, sollten Sie jetzt die Tür zur Werkstatt energisch schließen. Und außen ein großes Schild aufhängen:»Zeiträuber und Nörgler bitte draußen bleiben!« Ab sofort nehmen Sie die Abmachungen, die Sie mit sich selbst getroffen haben, genauso wichtig wie alle äußeren Verpflichtungen. Irgendwo müssen die Stunden ja herkommen, die Sie Ihrem geistigen Baby widmen möchten. Ihr ganz eigenes Projekt wird nicht funktionieren, wenn der Terminplan dicht an dicht gefüllt ist mit Ehrenämtern, Freundschaftsdiensten, Verwandtschaftsbesuchen, Vereinstätigkeiten etc. Es wird auch nicht funktionieren, wenn Sie auf jeden Einwand hören, der aus Ihrem Freundes- und Verwandtenkreis kommt.

In der Praxis kann dies heißen:»Nein, liebe Nachbarin, ich kann Sie jetzt leider nicht unterstützen. Meine Zeit ist schon mit einem wichtigen privaten Termin verplant!«

Und der neue Termin fürs Firmenmeeting? Ist das etwa ein Zeichen? Ja. Aber nicht dafür, Ihr Vorhaben schon wieder aufzugeben. Sondern dafür, konsequent für sich einzustehen. Sie wer-

------

den erstaunt sein: Manchmal richten sich Firmenmeetings sogar nach den Mitarbeitern!

Und wie steht es mit dem überraschenden Besuch aus Dänemark? Denken Sie auch jetzt daran: Nur nicht ablenken lassen! Schließlich hätte man Ihnen auch etwas eher Bescheid geben können. Überlegen Sie sich gegebenenfalls eine dritte Lösung jenseits von »ich oder ihr«. Sie könnte sowohl Ihre Lage als auch die Situation Ihrer Freunde berücksichtigen: Sie bieten zwar ein Nachtquartier, aber kein Tagesprogramm. Und erst am Sonntagabend, wenn alles geschafft ist, belohnen Sie sich und gehen gemeinsam schick essen.

Ebenso wichtig wie die Abgrenzung gegenüber Zeiträubern ist es, die zarten Keime einer frischen Idee nicht für jedermann zur Diskussion zu stellen. Wenn Sie schon ahnen, dass das Gegenüber nur verständnislos den Kopf schütteln wird, ist es besser, die Pläne für sich zu behalten. Solange noch eigene Zweifel vorhanden sind, machen Sie diese am besten mit sich selbst aus. Anderenfalls können Sie darauf wetten, dass Ihnen die eigenen Bedenken prompt widergespiegelt werden. Und auch wenn Sie schon zu 100 Prozent von Ihrer Idee überzeugt sind, macht es keinen Spaß, ständig Energie aufzuwenden, um entmutigende Kommentare abzuwehren. Handeln Sie daher öfter nach der Devise »Ein Gentleman genießt und schweigt«, und gestatten Sie niemandem, Ihre Vorfreude unberechtigt zu trüben. Erst wenn Sie erfolgreich waren, überraschen Sie andere damit, dass Sie sie z. B. zur Ladeneröffnung einladen. So werden Sie sie davon überzeugen, dass Ihre Idee gut und umsetzbar ist. Ihre Freunde merken nämlich gar nicht, wie sehr sie mit negativen Bemerkungen Ihre Kraft rauben. Sie sagen nur das, was ihren eigenen unbewussten Glaubenssätzen entspringt. Aber die Glaubenssätze Ihrer Freunde und Verwandten müssen noch lange nicht Ihre eigenen sein. Und was andere für richtig halten, muss noch lange nicht das sein, was Ihnen guttut.

Es kann auch sein, dass die Einwände Ihrer Freunde und Verwandten aus echter, aber etwas egoistischer Sympathie für Sie entspringen: Wenn Sie Ihr neues Vorhaben realisieren, werden Sie weniger Zeit für gemeinsame Unternehmungen übrig haben. Es ist schön, dass die anderen gerne mit Ihnen zusammen sind. Aber das soll Sie nicht blockieren. Erklären Sie Ihren Freunden in diesem Fall, was Sie vorhaben und wie wichtig es Ihnen ist. Dann bieten sie Ihnen vielleicht sogar Unterstützung an, oder Sie finden gemeinsam eine Lösung, wie Sie Ihr Ziel erreichen und trotzdem den Kontakt halten können. Haben Ihre Freunde aber dafür kein Verständnis und legen nur Wert darauf, die leichten, amüsanten Zeiten miteinander zu teilen, wissen Sie wenigstens, woran Sie sind.

Um den Löwen perfekt zu ziselieren bzw. das Endziel in Vollendung zu erreichen, ist auch hin und wieder Verzicht gefragt. Sie kennen sich selbst am besten und wissen, welchen Versuchungen Sie nicht widerstehen können – was Ihr Ziel in Gefahr bringt, meiden Sie am besten gleich. Jeder weiß doch z. B. im Voraus, dass aus dem abendlichen Glas Prosecco mit den netten Arbeitskollegen garantiert wieder zwei oder drei Gläser mehr werden. Und dass sich damit auch das morgendliche Aufstehen nach hinten verschiebt. Und als weitere Folge ist dann vielleicht ein wichtiger Termin am Vormittag gefährdet. Oder zumindest sind die Voraussetzungen für einen ausgeschlafenen, souveränen Auftritt nicht so toll. Da ist es viel effektiver, die Weichen bereits am Abend vorher richtig zu stellen und die lieben Kollegen auf einen anderen geselligen Abend zu vertrösten. Um es dann ohne schlechtes Gewissen richtig krachen lassen zu können. Eines nach dem anderen funktioniert immer besser als ein halbherziger Mix. Oder wie das alte Sprichwort sagt: Alles hat seine Zeit.

Wenn andere Leute mich zu einem falschen Zeitpunkt mit Beschlag belegen oder durch miesepetrige Bemerkungen herunterziehen wollen, denke ich gerne an einen unserer erfolgreichsten

Seminarteilnehmer. Er ist das beste Beispiel für Lebensfreude, Zielstrebigkeit und Konsequenz. Thomas kam in einer Phase zu uns, als ihm sein jahrelanger, bestens bezahlter Job bei einem florierenden Zustellungsdienst plötzlich keinen Spaß mehr machte. Hauptgrund: ein neuer Vorgesetzter. Es war unübersehbar: Mit dem würde er auf lange Sicht niemals klarkommen. Damit stellte sich ihm die Gretchenfrage: Er oder ich? Unser Kunde entschied sich für sich selbst und sein Wohlbefinden. Ohne wenn und aber. Dann legte er los. Er kündigte und belegte genau die Seminare, die ihn in die gewünschte Richtung vorwärtsbrachten. Diese Anschubhilfe war wichtig, denn die Familie war anfangs gar nicht begeistert, dass Papa das Handtuch werfen wollte. Natürlich beutelten ihn die üblichen Fragen wie: »Darf ich das überhaupt? Ich bin doch der Ernährer der Familie … Bin ich nicht verpflichtet, immer gut für alle zu sorgen?« Keinesfalls wollte er sich aus der Verantwortung ziehen, doch er hatte erkannt: Wenn ich nicht gut für mich selbst sorge, werde ich das auf lange Sicht auch nicht mehr für meine Familie tun können. Also muss ich mich jetzt in erster Linie um mich selbst kümmern. Heute ist er sehr erfolgreich und mit wachsender Begeisterung als Anlageberater tätig. Und hat es nie bereut, so kerzengerade zu sich selbst gestanden zu haben. Die Devise, in brenzligen Situationen lieber das Bitte-draußen-bleiben-Schildchen an die Tür zu hängen und sich dafür konstruktive Unterstützung ins Boot zu holen, behält er bis heute bei.

Kein Mensch muss müssen

Seit 1994 kürt die Gesellschaft für Deutsche Sprache das »Unwort des Jahres«. Wenn es auch eine Jury zur Ausrufung der Unwörter des Lebens gäbe, wüsste ich sofort, welche Wörter ich einreichen würde: Ich muss!

Ich muss noch schnell den Keller aufräumen. Ich muss erst noch meine Mutter abholen. Ich muss dringend abnehmen. Ich muss das Auto in die Werkstatt bringen. Ich muss viel mehr Wasser trinken. Ich muss heute unbedingt zum Friseur. Ich muss die Fenster putzen. Ich muss den Bericht rechtzeitig abliefern. Ich muss unbedingt meine Freundin anrufen. Ich muss mir eine neue Wohnung suchen. Ich muss regelmäßig Zeitung lesen. Ich muss immer perfekt gestylt aus dem Haus gehen. Ich muss, ich muss, ich muss! Unter dieser Last muss ich ächzen … Was tun wir uns nur alles an mit diesem allgegenwärtigen »Ich muss!«. Vor lauter Müssen scheint manchmal fast der Kopf zu platzen. Die vielen Zwänge geistern permanent in den Gedanken herum, versetzen uns in Dauerspannung und lassen keinen Raum, den Augenblick zu genießen. Wo bleibt da noch Luft für Kreativität und Gelassenheit?

In so einer Lage, als mir das Müssen zur Last wurde, habe ich mir Entlastung verschafft. Es waren nur noch wenige Tage bis zu unserer großen Gartenparty. Der Vorbereitungsdruck machte sich langsam bemerkbar. Keine Frage, den Termin mussten wir einhalten. Wollten wir ja auch, die Partys machen immer einen Riesenspaß. Tja, dann musste ich wohl langsam die Garage ausräumen. Musste ich wirklich? Warum eigentlich? Diesmal hatte ich nicht die geringste Lust dazu. Okay – könnte das Ausräumen auch jemand anderes übernehmen? Mein Mann hatte leider genauso wenig Zeit und Lust. Ansonsten fiel mir niemand ein, dem ich diese Aufgabe übertragen konnte. Also stapelten wir in einer gemeinsamen Aktion von einer Stunde alles, was vorher überall verteilt herumgestanden hatte, in einer Ecke aufeinander. Unsere Party musste jetzt mit ein bisschen weniger Platz als früher auskommen, aber ich hatte einen drückenden Muss-Punkt weniger auf meiner Liste.

Das Muss erlösen

Verschaffen auch Sie sich Abhilfe, wenn Sie der Muss-Zwang ge-packt hat. Notieren Sie kurz in Stichpunkten alle Dinge, die Sie glau-ben, erledigen zu müssen. Dann schauen Sie Ihre Liste noch einmal genau durch. Muss da wirklich überall ein Muss stehen? Könnten manche Dinge weiter nach hinten verschoben werden oder sogar komplett von der Liste verschwinden? Gibt es auch noch andere Möglichkeiten, dasselbe Ziel zu erreichen? Gehen Sie mit diesen Fragen Punkt für Punkt durch. Und freuen Sie sich auf die Erleichte-rung, die sich bemerkbar macht, wenn ein Muss sang- und klanglos gestrichen wird, ohne dass die Welt zusammenbricht. So wird das Muss zum Dornröschenkuss, mit dem Sie aus der Starre der vielen lähmenden Verpflichtungen erwachen.

Eng verwandt mit unserem Muss-Denken sind unsere Gewohn-heiten. Aus einem Ablauf, der sich immer auf die gleiche Weise wiederholt, wird ein Automatismus, der nicht mehr hinterfragt wird. Keine Frage, Routinen und Rituale geben Halt im Leben. Doch es gibt die kuriosesten Ansprüche und Verhaltensweisen, die ihre Daseinsberechtigung einzig und allein aus der Begründung ziehen: Das habe ich schon immer so gemacht! Es lohnt sich, die eigenen Gewohnheiten kritisch zu prüfen. Welche helfen Ihnen, Ihr Ziel zu erreichen? Welche hindern Sie daran?

Wenn Sie zum Beispiel einen Partner suchen, bringt es nichts, jeden Samstagabend in den Chor zu gehen, in dem alle Männer im passenden Alter schon vergeben sind. Diese Gewohnheit nimmt Ihnen die Zeit, etwas zu unternehmen, bei dem Sie neue Leute kennenlernen. Wenn Sie sich dagegen angewöhnen, samstags zu der Salsaparty im Club in der nächsten Stadt zu gehen, zu der immer wieder andere Menschen mit ähnlichen Interessen wie Sie

kommen, ist das eine nützliche Gewohnheit. Wer fünf Kilo abnehmen will, sollte eine Zeit lang auf das rituelle Butterhörnchen
zum Morgenkaffee verzichten. Auch der regelmäßige Sonntag-
nachmittagsbesuch bei den Eltern kann figurschädigend sein – es
sei denn, Sie überzeugen Ihre Mutter davon, dass Sie ab sofort lieber einen Apfel essen als ihre berühmte Buttercremetorte. Die Gewohnheit, ab und zu mit dem Nachbarhund Gassi zu gehen, ist
dagegen gut fürs Abnehmen und kann ausgebaut werden zu regelmäßigen langen Spaziergängen.

Umprogrammierung mit allen Sinnen

Eingefahrene Gewohnheiten beseitigen? Leichter gesagt als getan.
Schließlich hat es ja auch ein Weilchen gedauert, sie anzunehmen.
Nun haben sie ihren festen Platz im System und möchten den nicht
so ohne Weiteres wieder hergeben. Kein Wunder, sind doch alle Sin-
ne daran beteiligt, wenn sich die abendliche Kuschelrunde auf der
Fernsehcouch mit dem regelmäßigen Genuss von Chips und Bier
verbrüdert. Alles klar, dann verankere ich die neuen Verhaltensweisen ebenfalls mit allen Sinnen! Ich hatte mal ein Sparschwein, auf das
ich einen großen Zettel klebte: Was ist das in 10 Jahren? Jedes Mal,
wenn ich das Sparschwein ansah, stellte ich mir vor, wie groß und
fett es in zehn Jahren sein würde. Genauso groß wie der Geldhau-
fen, mit dem ich mir meine Herzenswünsche erfüllen wollte. Jedes
Klimpern einer neuen Münze, die ich durch den Schlitz warf, brachte
mich meinen Wünschen näher. Und wie toll es sich anfühlte, wenn
ich das Sparschwein anhob und es immer schwerer und schwerer
wurde! Diese gesammelten Eindrücke halfen mir, das Schweinchen
nicht vor der Zeit zu schlachten, wie ich es vorher gewohnt war.
Wenn es Ihr größter Wunsch ist, professioneller Musiker zu werden,
könnten Sie sich von Freunden beim Gitarrespielen fotografieren
lassen. Das Bild, auf Posterformat vergrößert, gut sichtbar an der

Wand platziert, hilft Ihnen, Ihren Traum immer im Auge zu behalten. Oder Sie programmieren Ihr Smartphone, damit Sie schon morgens ein Stück Ihres Lieblingssolisten weckt. Gleichzeitig erinnert es Sie daran, in Ihrem Tagesplan genug Zeit zum Üben frei zu halten.

Wer am Abend noch die Kraft aufbringen möchte, zwei Stunden an seinem Roman zu schreiben, kann sich ein Cover für das Buch am PC gestalten, ausdrucken und um ein Buch legen, das ab jetzt gut sichtbar und greifbar auf dem Tisch steht als Vorgriff auf die Veröffentlichung. Oder er deponiert die Tipps anderer erfolgreicher Autoren gut sichtbar neben dem Bildschirm.

Wenn Sie von einem Häuschen in der Provence träumen, können Sie ein paar Tropfen Lavendelöl auf Ihr Kopfkissen geben. Aus Hölzern oder Legosteinen bauen Sie ein Modell Ihres Traumhauses und stellen es auf die verlockenden Makleranzeigen, die Sie gefunden haben, und auf Ihren Finanzierungsplan.

Das Bild mit dem Löwen hat sich inzwischen bestimmt fest bei Ihnen eingeprägt. Nun steht er fertig vor Ihnen. Jetzt kennen Sie die wichtigen Schritte, um Ihre Vorhaben souverän und erfolgreich zu beenden. Doch kein Bildhauer ruht sich nach dem ersten Werk auf seinen Lorbeeren aus. Er weiß ganz genau, dass es immer wieder Möglichkeiten gibt, noch besser zu werden. Immer wieder wird es neue Steine geben, die ihn reizen, aus ihnen herauszuholen, was nur möglich ist. Immer wieder das Beste geben, zu dem man fähig ist, ist eine gute Devise – nicht nur für Bildhauer.

Jede Vision braucht ein passendes Symbol, wie z. B. unseren Löwen. Das kann nur in Ihrem Kopf existieren oder Sie können es durch ein Foto, eine Collage oder ein selbst gemaltes Bild verstärken. Oder durch eine Weckmelodie, ein Modell, einen Duft … Wichtig ist vor allem, sich voll und ganz damit zu identifizieren. So ist und bleibt das Bild der Vision ein Kraftspender, wenn die unvermeidlichen Hindernisse oder Durststrecken kommen. Dann haben Sie auch sofort eine Antwort parat, wenn sich Ihnen unvermutet und unvorbereitet die Frage stellt: Warum mache ich das eigentlich?

Das schenk ich mir

- *Ich gewöhne mir das vorschnelle »Ja, aber …« ab. Stattdessen überlege ich mir, welche Angst oder Sorge wirklich hinter meinem Einwand steht und wie ich sie entkräften kann.*
- *Ich suche nicht nur nach einer einzigen passenden Lösung. Ich denke mir auch immer Alternativen aus und bin bei Bedarf gut für einen Plan B gerüstet.*
- *Meinen Glaubenssätzen bleibe ich auf der Spur. Wenn ich merke, dass mir eine Überzeugung nicht guttut, setze ich mich damit auseinander, bis sie sich aufgelöst hat.*
- *Ich freue mich immer wieder über die neu gewonnene Freiheit, wenn sich überholte Programmierungen auflösen.*
- *Ich bin wach gegenüber Ansprüchen und Einwänden, die mich ausbremsen. Ich entscheide mich bevorzugt für Situationen, Beziehungen und Aktivitäten, die meine Ziele fördern.*
- *Ich lasse mich nicht mehr durch ein unnötiges »Muss« unter Druck setzen und hinterfrage immer wieder meine Gewohnheiten.*

- - - - - -

4

Ent-täusche dich und die anderen

Auf einer öffentlichen Toilette traf ich eine Philosophin. Es war früh am Morgen und ich war auf dem Weg zu einem wichtigen Termin. An einer Raststätte auf der A 5 irgendwo zwischen Basel und Frankfurt hielt ich an, um mich frisch zu machen und mir einen Kaffee zu holen. Als ich am Waschbecken stand und mir warmes Wasser über die Hände laufen ließ, ging ich in Gedanken die Ziele des anstehenden Gesprächs durch. Dass es im Vorraum immer enger wurde und die Toilettenfrau auch noch herumwuselte, davon ließ ich mich nicht weiter stören. Entspannt griff ich nach einem Papierhandtuch, trocknete meine Hände und beugte mich über das Waschbecken, um das zu tun, was Frauen immer tun: im Spiegel mein Aussehen checken. Ich stutzte. »Wahnsinn! Dieser Spiegel ist so sauber!«, murmelte ich verblüfft vor mich hin. Ich schaute noch mal genauer hin und war mir plötzlich ganz nah. Ich sah mich ohne Schlieren, ohne Filter, ohne Weichzeichner, ohne Faltenkorrektur, ohne Attraktivitätsverstärker, ohne Traumfrau-Projektion – ich sah mich einfach genau so, wie ich war. Dann bemerkte ich im Spiegel die Toilettenfrau, die hinter mir stand und mein so rein und präzise zurückgeworfenes Spiegelbild wissend anlächelte: »So sollte es immer sein, gell?«, sagte sie mit einer eigentümlich rauen Stimme. Sie schaute mich prüfend an, wischte noch die letzten Fußspuren von den Fliesen, drehte sich um und verließ den Raum.

So sollte es immer sein! – Dieser Satz bohrte sich in mein Bewusstsein. Und nachdem ich einige weitere Autobahnkilometer hinter mich gebracht hatte, wurde mir klar: Diese Frau war eine wahre Lebensmeisterin! Ich hatte mit ihr nur zweieinhalb Minuten denselben Raum geteilt. Auf meine sechs Worte hin hatte sie sechs Worte erwidert. Das war alles. Und doch hatte sie in mir einen Vorhang zerrissen. Wenn ich eines verstanden habe nach dieser Begegnung, dann dies: Ich will mir in keinem einzigen Lebensbereich mehr etwas vormachen! Ich habe die Nase voll davon, eine Frau sein zu müssen, zu sollen oder zu wollen, die der korrigierten Version meines wahren Selbst entspricht. Ich bin alt genug geworden, um endlich damit aufzuhören, im Spiegel eine andere Person zu sehen als die, die ich wirklich bin.

Fremdlebenskünstler

Die, die ich wirklich bin. Das hatte ich auf einen Zettel auf dem Beifahrersitz gekritzelt, 50 Kilometer nach der Tankstelle auf der A 5. Die, die ich sein will, ist genau die, die ich bin, also genau die Person, die ich in diesem unwirklich sauberen Spiegel gesehen hatte. Allerdings: Nachdem ich den Termin in Frankfurt hinter mich gebracht hatte, verwandelte sich mein anfängliches Hochgefühl, einer Lebensweisheit auf die Spur gekommen zu sein, in immer größere Verunsicherung. Denn je mehr ich an das Spiegelbild dachte, desto mehr stand ich im Nebel. Und als ich endlich zu Hause angekommen war, wurde mir klar: Die, die ich heute bin, ist ja die, die ich früher einmal sein wollte. Denn unsere Gedanken von gestern formen die Realität von heute. Also wird die, die ich morgen sein werde, das Ergebnis meiner heutigen Gedanken sein. Und prompt war ich bei der Frage gelandet: Wer will ich denn überhaupt sein?

Irgendwo in mir musste ja der Keim für meine künftige Persönlichkeit gelegt sein, irgendetwas in mir würde sich entwickeln, irgendein Potenzial in mir wartete darauf, geweckt zu werden. Die nächsten Tage standen im Zeichen der Schatzsuche in mir selbst. Ich beobachtete mich. Mein Verhalten, dachte ich, spiegelt meine Persönlichkeit wider. Ich nahm mir vor, immer mal wieder kurz neben mich zu treten und mich von außen selbst zu beobachten, um mir selbst auf die Schliche zu kommen: Wer bin ich und was wird noch aus mir werden? Egal, was ich tat, ob frühstücken, arbeiten, telefonieren oder ausgehen: Keine einzige Bewegung entging mir. Und das ergab schnell handfeste Ergebnisse.

Nach einer knappen Woche kam ich zu dem Schluss: Ich war die beste und belastbarste Mitarbeiterin, die unkomplizierteste Freundin und die ideale Kundin. Ich wusste, dass ich auch mal Dinge hinnehmen musste, die mir nicht passten. Also nahm ich sie hin – und verbuchte sie innerlich als Entwicklungschance. Nach dem Motto »Man wächst mit seinen Aufgaben«. Mit meiner konzilianten Art konnte ich oft scheinbar Unmögliches erreichen. Und weil ich alles andere als egogetrieben war, waren die Beziehungen zu meinen Mitmenschen meistens harmonisch. Aber eine Sache irritierte mich: Meine Expedition ins Selbst setzte mir zwar verschiedene Identitäten vor. Aber ich konnte sie partout nicht zu einem schlüssigen Bild vereinen. Erst recht nicht zu dem Bild, das ich in der Raststätte im Spiegel gesehen hatte! Es war, als würde ich versuchen, beim Karneval mehrere Kostüme und Masken gleichzeitig anzuziehen, statt mich für die Kleidung zu entscheiden, die am besten zu mir passt.

Einige Tage später stand ich wieder vor dem Spiegel – in meinem Badezimmer – und verstand die Welt nicht mehr. Mit meiner chamäleonhaften Fähigkeit, mich in jeder Situation zurechtzufinden, war ich bis dahin immer erfolgreich gewesen. Ich hatte es

------

beruflich ziemlich weit gebracht, meine Eltern waren stolz auf mich, und meine Freunde schätzten mich für meine Offenheit und für meine Fähigkeit, zuzuhören. Von meinem Umfeld bekam ich mehr Anerkennung, als ich je zu träumen gewagt hätte. Und doch fehlte mir etwas. Auch wenn ich mit meinen Strategien bislang immer erfolgreich gewesen war, spürte ich, dass es nur noch eine Frage der Zeit war, bis meine Unzufriedenheit die Oberhand gewinnen würde. Mir ging es zwar nicht schlecht, im Gegenteil. Von außen gesehen ging es mir blendend: Ich hatte einen Job, um den mich viele beneideten, und noch dazu einen stabilen Freundeskreis. Aber wirklich glücklich war ich – wenn ich ganz ehrlich zu mir war – nicht!

Voller Entsetzen gab ich das bei diesem Blick in den Spiegel vor mir selbst zu. Warum ich nicht glücklich war, wurde mir aber erst klar, als meine Cousine mir mit ihrer Geschichte die Augen öffnete.

Der Plan war perfekt: Einen Tag vor dem 70. Geburtstag meines Onkels wollten meine Verwandten und ich bei seiner Frau und ihm eintrudeln, in den Geburtstag hineinfeiern und am nächsten Tag den vorher organisierten Überraschungsspaziergang durch den botanischen Garten machen. Da wir in aller Herren Länder zerstreut leben, war klar, dass ein Wiedersehen für meinen Onkel das schönste Geschenk war. Wir alle waren voller Vorfreude. Die meisten von uns waren schon am Nachmittag angekommen, und nachdem wir uns bei Kaffee und Kuchen über den neuesten Familienklatsch ausgetauscht hatten, belagerten wir die Küche und bereiteten mit Hallo und Gelächter das Abendessen vor. Nur meine Tante war noch nicht in Feierlaune.

»Ach Mensch, die Franzi ist noch nicht da«, sagte sie und schaute sorgenvoll auf die Uhr.

»Du kennst sie doch, die ist doch nie pünktlich!«, erwiderte mein Onkel und versuchte, sie zu beruhigen.

Nach einigem Hin und Her beschlossen wir, ohne meine Cousine mit dem Abendessen anzufangen. Franzis Eltern saßen ziemlich betrübt am Tisch, und als wir irgendwann beim Dessert angekommen und immer noch im Stand-by-Modus waren, drehten sich auch unsere Gespräche nur noch um Franzi. »Jetzt habe ich sie schon zweimal auf dem Handy angerufen«, sagte meine Tante, »aber es geht nur die Mailbox ran. Hoffentlich ist ihr nichts passiert!«

Mein Cousin nahm mich mit in die Küche, um die Sektgläser zu holen. Er lehnte die Tür an und flüsterte: »Janet, weißt du, was ich komisch finde? Immer wenn Franzi mal zugesagt hatte, auf ein Familienfest zu kommen, musste Robert plötzlich genau an dem Tag arbeiten. Und weil Franzi so schnell keinen Babysitter finden konnte, musste sie zu Hause bleiben. Du erinnerst dich? Vielleicht hat auch diese Verspätung mit ihm zu tun …«

Um zwölf stießen wir auf den Geburtstag meines Onkels an, schauten betont fröhlich in die Runde und bemühten uns um Unbefangenheit. Um halb eins wollten wir ins Bett gehen, da klingelte es an der Tür. Franzi! Mein Onkel hatte sich als Erster wieder im Griff. »Gut, dass du da bist. Komm, wir trinken noch ein Gläschen und morgen unterhalten wir uns in Ruhe.«

Am nächsten Morgen saßen wir endlich alle am Frühstückstisch. Wir redeten durcheinander, lachten und kramten alte Geschichten raus. »Hey, könnt ihr euch noch an Papas Fünfzigsten erinnern?«, fragte mein Cousin. »Da waren wir doch in diesem Musical, wo die Solistin sich mitten in der Tanznummer einen Absatz abgebrochen hat«, sagte er und reichte ein altes Fotoalbum herum. Doch während wir alle lachten und in unseren Langzeitgedächtnissen stöberten, blieb Franzi stumm und unbeteiligt. Unbehaglich rutschte sie auf ihrem Stuhl hin und her und vermied jeden Blickkontakt. Dann stand sie abrupt auf, stieß dabei das Milchkännchen um, und das fröhliche Gelächter verwandelte sich in Stille. Wir schauten sie mit großen Augen an: Was war

– – – – – –

denn jetzt schon wieder los? Bemüht lässig sagte Franzi: »So, Papa, noch mal alles Gute. Ich muss jetzt aufbrechen, ich muss zurück zu den Kindern.«

Wir waren sprachlos.

Mein Cousin fand seine Stimme als Erster wieder: »Wie jetzt? Wir haben alle extra Urlaub genommen, um heute den Tag gemeinsam mit Mama und Papa zu verbringen. Janet ist sogar aus der Schweiz gekommen, die ist nur Papas Nichte! Dich haben wir seit gut zwei Jahren nicht mehr richtig zu Gesicht bekommen. Und dann fährst du den ganzen Weg von Hamburg nach Nürnberg, um mitten in der Nacht ein halbes Glas Sekt zu trinken und uns heute Morgen zu eröffnen, dass du gleich wieder zurückfährst? Also das kapier ich nicht!« Wir anderen zeigten uns verständnisvoll und legten ihr nahe, ihren Mann anzurufen und eine Lösung für die Kinderbetreuung zu finden. Aber Franzi war von ihrem Plan nicht abzubringen. Nein, der Robert müsse arbeiten, sein Termin könnte über seine ganze Karriere entscheiden. Und die Babysitterin sei nun mal eine Babysitterin. Mit ihr könne sie die Kinder unmöglich so lange allein lassen. Ihre Hände zitterten und ihre Augen wurden feucht. Aber dann eilte sie tatsächlich zum Auto und fuhr mit quietschenden Reifen davon.

Uns blieb die Spucke weg. Keiner konnte das Verhalten meiner Cousine richtig deuten. Erst als wir einige Tage später telefonierten, wurde mir klar, was dahintersteckte. Ich stellte mir Franzis Dilemma so vor: Schon als sie zugesagt hatte, zum Geburtstag ihres Vaters zu kommen, war sie hin- und hergerissen: Einerseits freute sie sich, ihre Geschwister und Cousins wiederzusehen, andererseits hatte sie prompt ein schlechtes Gewissen. Sie hatte Freude verspürt bei dem Gedanken, auch mal ohne die beiden Kurzen unterwegs zu sein, und plötzlich überkam sie eine eigentümliche Angst, in Wahrheit eine Rabenmutter zu sein. Sie dachte an die

------

vielen Tage als Hausfrau, an denen ihr die Decke beinahe auf den Kopf gefallen war oder an denen der größte Erfolg darin bestand, dass die Wohnung trotz des Babys einigermaßen passabel aussah – und dann wieder an ihre eigene Mutter, meine Tante, die ohne einen Mucks deutlich mehr Kinder als sie großgezogen hatte, und fühlte sich undankbar und verantwortungslos.

Obwohl sie zugesagt hatte, zum Geburtstag zu kommen, wusste sie schon Wochen zuvor, dass sie nicht den ganzen Tag bleiben würde. Aber gesagt hatte sie niemandem etwas. Ihre Angst saß so tief, dass sie nicht einmal ihrem Mann von der Sache erzählte. Weder von der geplanten Geburtstagsüberraschung noch von ihren Schuldgefühlen. Denn ihre Lust, auch mal andere Gesichter zu sehen, empfand sie als ein Zeichen der Untreue. Schließlich war ihr Mann den ganzen Tag damit beschäftigt, den Lebensunterhalt der Familie zu sichern. Und sie? Sie musste sich nur um die Kinder kümmern und hatte ansonsten keine großen Sorgen.

Bei mir fiel der Groschen: Meine Cousine war völlig zerrissen zwischen der Frau, die sie sein wollte, und der Frau, die sie glaubte, sein zu sollen: die gute Mutter. Die gute Ehefrau. Und weil gute Mütter nach ihrem Verständnis nie die Schnauze voll haben von ihren Kindern, war sie immer wieder damit beschäftigt, sich das Muttersein schönzureden und ihm Priorität Nummer eins zu geben, statt auch mal auf die Bedürfnisse der Version ihrer selbst zu hören, die sie in sich unterdrückte.

Am Telefon fragte ich sie, ob das stimme. Sie brach in Tränen aus. »Ich weiß einfach nicht, was ich machen soll! Ich kann nicht gleichzeitig alle Ansprüche erfüllen, ich kann mich doch nicht zerreißen«, schluchzte sie.

Das Gespräch brachte mich meiner Cousine wieder näher, ich hatte das Gefühl, ihre merkwürdige Reaktion jetzt besser zu verstehen. Und ich hatte die Antwort auf die Frage nach mir selbst: Wer ist »die, die ich wirklich sein will«? – Noch deutlicher hätte Franzi es mir gar nicht demonstrieren können: auf keinen Fall die,

die ich glaube, sein zu sollen! Nicht die, die alle anderen haben wollen, nicht die, von der ich annehme, dass alle anderen um mich herum am besten mit ihr auskämen. Nicht das Bild, dem ich entsprechen will, weil ich glaube, dass meine Eltern, meine Geschwister, meine Freunde, mein Partner, meine Kollegen einen Anspruch darauf hätten, mich so zu haben.

Mir war klar: Das Leben der anderen werde ich ab sofort nicht mehr führen. Ab heute werde ich endlich ich selbst sein, mein eigenes Leben führen. Endlich ich! Wow!

Als ich das hatte, dachte ich: Okay. Hört sich einfach an. »Sei du selbst!« steht schließlich in jedem zweiten Abreißkalender. Aber wie so vieles ist es deutlich leichter gesagt als getan. Insbesondere, wenn man jahrzehntelang die immer gleiche Person im Spiegel gesehen hat, von der man dachte, das sei man selbst.

Den Spiegel putzen

Endlich ich sein – wie geht das? Die Methode ist schnell beschrieben, erfordert aber echte Arbeit: Hören Sie endlich auf, sich zu täuschen. Fangen Sie an, sich zu ent-täuschen! Ja, genau: ent-täuschen Sie sich endlich! Und ent-täuschen Sie auch andere, die falsche Vorstellungen von Ihnen haben und falsche Erwartungen an Sie.

Den Spiegel putzen, Ordnung im eigenen Leben zu schaffen, das geht nicht von jetzt auf nachher. Aber Schritt für Schritt können Sie dieses Ziel erreichen. Fünf Schritte sind dazu notwendig:

1. Erkennen Sie, dass der Spiegel schmutzig ist.
2. Wischen Sie den Schmutz weg – um sich endlich zu sehen.
3. Lesen Sie sich im Spiegel die Wünsche von den Augen ab.
4. Lassen Sie den Traum wahr werden.
5. Halten Sie den Spiegel sauber.

------

1. Erkennen Sie, dass der Spiegel schmutzig ist

Viele Menschen versuchen, einem Idealbild von sich zu entsprechen. Allerdings nicht ihrem eigenen Idealbild, sondern den Erwartungen anderer Leute. Und diese stimmen selten mit ihrem wahren Selbst überein. Das Problem dabei: Ohne dass sie es merken, richten sie sich nach einem falschen, verschmutzten, verzerrten Spiegelbild. Nach Wochen, Monaten oder Jahren wachen sie auf und denken: »Moment mal. Ich bin hier im völlig falschen Film.« Aber dann sind auch schon Wochen, Monate oder Jahre ihres Lebens vergangen, die sie schlicht nicht mehr zurückholen können.

Sich frühzeitig einzugestehen, dass man einem falschen Ziel nachjagt – das braucht Mut und Ehrlichkeit. Und ist alles andere als einfach. Denn oftmals ist uns die Selbsttäuschung gar nicht bewusst. So war es auch bei mir, als ich in meinen jüngeren Jahren beruflich auf dem falschen Dampfer war – und mehrere Jahre brauchte, um mir das einzugestehen.

Mir wurde ein Job bei einem großen, namhaften Unternehmen angeboten. Eine Seite in mir sagte mir, dass das ein großer Fortschritt sei: eine gut bezahlte, sichere und angesehene Arbeitsstelle. Bis dahin hatte mir meine Selbstständigkeit zwar Spaß gemacht. Aber meine Eltern machten sich hin und wieder Sorgen. »Wie sieht es denn mit deiner Altersversorgung aus? Was machst du, wenn du irgendwann nicht mehr genug Kunden hast? Und was ist, wenn du mal länger krank wirst?« Nachdem sie mehrmals in das Unsicherheitshorn geblasen hatten, dachte ich: »Hmm, vielleicht haben sie ja recht, und ich hatte bisher nur Glück. Aber der Wind könnte jederzeit die Richtung wechseln.« Ohne noch groß zu überlegen, nahm ich die feste Stelle an. Meine Eltern waren aus dem Häuschen.

Wenn ich heute zurückschaue, dann waren meine Eltern der Hauptgrund, warum ich die Stelle überhaupt angenommen habe.

Aber eigentlich hatte ich von Anfang an so meine Zweifel, ob das wirklich das Richtige für mich war. Berechtigte Zweifel, die ich mit viel Willenskraft unterdrückte und mir schönredete: »Stell dich nicht so an!«, sagte ich zu mir selbst. »Kein Job ist perfekt. Aber dieser hier ist sicher, und er macht sich gut im Lebenslauf. Es wäre töricht, mir diese Chance entgehen zu lassen …« Und so weiter und so fort.

Doch wie gesagt, meine Zweifel ließ ich nicht wirklich an mich heran. Im Gegenteil: Ich legte mich bei der neuen Stelle richtig ins Zeug. Dadurch war ich gut und hatte Freude am positiven Feedback meiner Kunden. Und weil ich mich auch noch gut organisieren konnte – das hatte ich aus meiner Zeit als Freiberuflerin voll drauf – hatte ich schnell auch eine gesunde Balance zwischen Arbeit und Freizeit gefunden.

Mein Leben war praktisch zweigeteilt: Tagsüber ging ich zur Arbeit, abends genoss ich das Leben. Ich arbeitete schnell und effizient und konnte so auch mal früher Schluss machen. Das wurde mir immer wichtiger, denn ich hatte nach Arbeitsschluss immer viel vor: Party in den angesagtesten Clubs der Stadt. Anfangs zweimal die Woche, irgendwann fast jeden Tag.

Eines Tages fragte mich eine Kundin: »Sagen Sie mal, bin ich Ihnen lästig? Ich habe den Eindruck, dass Sie mich so schnell wie möglich loswerden wollen!« Sie war eine nette ältere Dame, die gerne etwas mit mir plauderte, während ich mich um ihr Anliegen kümmerte. Offenbar habe ich ihr zuletzt nur noch kurz angebunden geantwortet, denn sie hatte eine natürliche Höflichkeit und war mit Kritik sehr zurückhaltend.

Als sie mich auf meine Unlust ansprach, sah ich mich plötzlich von außen. Ich schaute wie in einen Spiegel und mir wurde klar: Mein eigentliches Leben fand abends und am Wochenende statt. Die Aufträge bei der Arbeit spulte ich nur noch routinemäßig ab. In dem Moment wusste ich: Irgendetwas läuft hier völlig schief!

Die Arbeit ist für mich nur noch eine unangenehme Pflicht, ein selbst gezimmertes Gefängnis. Und die ständigen Partys sind der Versuch, auszubrechen – ohne aber genau zu wissen, woraus.

Noch am selben Abend setzte ich mich hin, nahm ein Stück Papier und schrieb auf, was mich alles störte. Das Verrückte dabei war: Hätte mich jemand am Vortag gefragt, was ich in meinem Leben ändern will, wäre mir kaum etwas eingefallen. Jetzt füllte ich mehrere Seiten …

Aufstehen um 6 Uhr war für mich immer grauenvoll – aber aus irgendeinem unerfindlichen Grund habe ich das mit mir machen lassen. Der Chef ging mir mit seinem jovialen Gehabe gehörig auf die Nerven. Und mein Arbeitsmaterial war auch nicht gerade der letzte Schrei, das störte mich schon lange. Aber letztlich waren das nur Kleinigkeiten. Das wirkliche Problem war: Ich hatte meinen Job satt. Jeden Tag zur Arbeit gehen war immer das gleiche Spiel. Zwar mit wechselnden Personen, aber im Grunde nichts Neues. Immer öfter hatte ich das Gefühl, nur an der Oberfläche herumzukratzen, nichts wirklich Sinnvolles zu tun und auch persönlich nicht weiterzukommen. Wie jemand, der Zuckerstückchen in ein schwarzes Loch wirft in der vergeblichen Hoffnung, es zu stopfen. Die Tätigkeit erfüllte mich nicht mehr. Fazit: »Ich brauche eine ganz andere Arbeit!« Damit endete mein Gekritzel. Und die Erkenntnis stand fest: Wenn ich ausbrechen will, muss ich kündigen.

Schmutz auf dem Spiegel

Woran erkennen Sie, dass Sie sich täuschen? Dass Sie sich das Leben schönreden, es aber in Wirklichkeit unerträglich finden? Diese drei Szenarien sind deutliche Anzeichen für einen verschmutzten Spiegel:

Probleme? Ich habe keine Probleme!

Sie unterdrücken jede Unzufriedenheit und sagen sich: »Ach, das ist doch eigentlich gar nicht so schlimm. Anderen geht es viel schlechter, ich sollte zufrieden sein mit dem, was ich habe.« Das Wort »eigentlich« ist verräterisch: Was wäre denn uneigentlich? Wenn Sie wirklich zufrieden wären, könnten Sie es sich leisten, kleine Ärgernisse einzugestehen. Dass Sie kleine Unzufriedenheiten nicht zulassen, ist ein Hinweis darauf, dass es ein noch viel größeres Problem gibt, das Sie sich nicht eingestehen.

Mein Leben ist anderswo

Sie bringen die Zeit, die für einen bestimmten Lebensbereich vorgesehen ist, wie zum Beispiel die Arbeit oder das Treffen mit bestimmten Personen, immer so schnell wie möglich hinter sich. Nach dem Motto: »Augen zu und durch.« Sie versuchen, nicht darüber nachzudenken, und warten nur darauf, dass es vorbei ist. Stattdessen suchen Sie Erfüllung und Glück in anderen Lebensbereichen geradezu krampfhaft und ohne dabei wirklich glücklich zu werden. Wie sollen Sie es auch werden? In Wirklichkeit lenken Sie nur vom eigentlichen Problem ab.

Ihr seid so gemein!

Sie schieben die Schuld für Ihre eigene Unzufriedenheit anderen in die Schuhe: dem mäkelnden Chef, dem Partner, der nicht anerkennt, wie sehr Sie sich für ihn aufopfern, den ständig fordernden Kindern, der ewig jammernden Freundin ... Sie sind die Böslinge, die Sie immer wieder enttäuschen. Aber Vorsicht bei solchen Gedanken! Sie können sich nur selbst enttäuschen: indem Sie Erwartungen, also Selbsttäuschungen aufbauen, die dann enttäuscht werden. Die Enttäuschung fängt bei Ihnen selbst an.

Wenn eines dieser Erkennungsmerkmale auf Sie zutrifft, dann ist es sehr wahrscheinlich, dass Sie in gewissen Lebensbereichen nicht so glücklich sind, wie Sie sein könnten. Wie können Sie herausfinden, wo genau bei Ihnen noch Luft nach oben ist? Indem Sie auf die Signale Ihres Unbewussten achten, denn das Unbewusste lügt nie. Ihr Verstand ist zwar ein Meister darin, das Unbewusste zu unterdrücken – und unsichtbar zu machen. Aber es gibt einen Schlüssel dazu: Ihre Sprache. Nicht umsonst redet man zum Beispiel vom »freudschen Versprecher«. Dabei sagen Sie aus Versehen das, was Sie unbewusst gerne sagen möchten, sich aber nicht trauen. Wenn Sie auf solche und andere Signale Ihrer Sprache achten, finden Sie Zugang zu Ihrem wahren Ich.

Warnsignale

Beobachten Sie sich selbst! Wenn Sie folgende Formulierungen häufig verwenden, ist das ein Anzeichen dafür, dass Sie tief im Inneren mit Ihrer Lebenssituation unzufrieden sind:

- »Ach, eigentlich geht's mir gut …«
- »Ich kann nicht klagen.«
- »Es muss nun mal sein.«
- »Das bringe ich irgendwie hinter mich.«
- »Das geht auch noch vorbei.«
- »Er/Sie hat mich enttäuscht.«
- »Immer macht er/sie das …«
- »Ich würde gerne, möchte, könnte, sollte, müsste, hätte …«
- »Wenn mein Chef bloß nicht so nerven würde …«

---

2. Wischen Sie den Schmutz weg – um sich endlich zu sehen

Wenn Sie erkannt haben, dass Ihr Spiegel schmutzig ist – wenn Sie also zum Bespiel feststellen, dass Ihr Job nicht mehr zu Ihnen passt, dass Ihr Partner und Sie sich auseinandergelebt haben, dass Sie und Ihre alten Freunde sich unterschiedlich entwickelt haben – und dieser Schmutz auf dem Spiegel Sie belastet, dann gibt es nur eine Lösung: zum Lappen greifen und ihn wegwischen. Klingt logisch, nachvollziehbar und recht easy. In Wahrheit ist es aber einer der schwersten Schritte überhaupt.

Denn konkret bedeutet dies, sich einzugestehen, dass man eine unglückliche Ehe führt, dass man vielleicht gar nicht die Voraussetzungen hat, die der aktuelle Job von einem verlangt oder dass eine Entscheidung aus der Vergangenheit, die man zum Zeitpunkt der Entscheidung für goldrichtig gehalten hat, sich im Nachhinein als ein Irrweg herausstellt. Den Lappen zu nehmen und den Schmutz wegzuwischen bedeutet vielleicht, sich vom Partner zu trennen, den Job kündigen zu müssen oder anderen gegenüber einzugestehen, dass man mit der Entscheidung vor 10 Jahren, vom Land in die Großstadt zu ziehen, na ja, doch ganz schön danebenlag. Den Spiegel zu putzen bedeutet also, eine Entscheidung zu treffen – und diese gnadenlos durchzuziehen. Oder anders gesagt: bereit zu sein, auch den Preis für die Veränderung zu bezahlen.

Gerade diese Entscheidung fällt schwer. Aus einem sehr verständlichen Grund: Etwas hergeben, Schmerz erleiden, das macht niemand gerne. Wenn dann auch noch andere von der möglichen Veränderung betroffen sind, schrecken wir noch mehr vor der Entscheidung zurück. Denn wir brauchen an die Konsequenzen unserer Entscheidung nur zu denken, schon schießen uns plötzlich Gedanken durch den Kopf wie: »Ich kann meinen Mann unmöglich verlassen! Der kommt ohne mich ja gar nicht zurecht.« Oder: »Wie? Ich soll meinen Job aufgeben, nachdem ich fünf

Jahre dafür studiert und weitere fünf Arbeitserfahrung gesammelt habe? Das kommt gar nicht infrage. Ich fang jetzt nicht noch mal von vorn an.«

Diese Das-kommt-gar-nicht-infrage-Haltung ist das Hauptproblem. Als ob ein Wissenschaftler ein Heilmittel gegen Krebs gefunden hätte, aber aus Angst, dass es für falsche Zwecke genutzt werden könnte, hält er es lieber versteckt. Die Angst vor dem Verlust übersteigt in diesem Fall die Freude über so viele gerettete Menschenleben. Beides, die Entdeckung und die Angst, sind zwei Seiten derselben Medaille. Und so kann man vermeintliche Krisensituationen auch von einer anderen Seite betrachten: Wenn Ihre Beziehung wirklich so einseitig sein sollte, dass der andere sich voll auf Sie stützt, können Sie ihm nichts Besseres tun, als zu gehen. Sie zwingen ihn damit, selbstständig zu werden und das eigene Leben in den Griff zu bekommen. Und wenn Sie viel investiert haben in einen Beruf, der sich nach zehn Jahren doch als der falsche erwiesen hat, können Sie viel weiteres Lehrgeld sparen, indem Sie Ihre falsche Entscheidung so früh wie möglich revidieren – und Ihren Job sofort hinschmeißen.

Natürlich fällt es schwer, sich von so festen Größen im Leben wie einer Arbeitsstelle oder Beziehung zu trennen. Sie geben Sicherheit und Vertrautheit. Und egal, wie nervig sie manchmal sind: Sie haben auch ihre positiven Seiten, von denen es schwerfällt, Abschied zu nehmen. Der Punkt ist aber: Sie können nicht gleichzeitig die guten Seiten haben und die schlechten nicht. Sie müssen schon den Preis für Ihre Entscheidung bezahlen. Denn Verbesserungen gehen manchmal nicht ohne Opfer. Und das Schlimmste ist: gar nicht zu entscheiden. Die Entscheidung zu vertagen. So lange, bis Sie es nicht mehr aushalten. Denn dann haben Sie nicht nur eine Krise, Sie haben eine Krise hoch drei!

Wenn Sie unsicher sind, ob Ihre Lebenssituation so verfahren ist, dass Sie eine Beziehung beenden oder der Arbeitssituation den Garaus machen müssen, dann hilft Ihnen eine Gewinn-und-Ver-

------

lust-Rechnung. Machen Sie eine Liste mit den Vor- und Nachteilen der Situation: Wenn die guten Seiten überwiegen, behalten Sie sie bei, sonst ändern Sie sie. Wenn Sie noch nicht bereit sind, etwas zu ändern, ist der Leidensdruck wohl noch nicht groß genug. Aber wenn Sie nichts ändern, kann er immer größer werden. Behalten Sie eine unerträgliche Situation nicht bei, weil Sie denken, Sie hätten keine Alternative! Möglichkeiten gibt es immer, man muss sie nur finden. Haben Sie den Mut zur Entscheidung!

Raffen Sie sich also auf und fangen Sie an, den Spiegel zu putzen und Ihr Leben auszumisten. Trennen Sie sich von all dem emotionalen Schutt, der sich im Lauf der Zeit angesammelt hat. Sie werden sehen, das befreit!

Gehen Sie ans Eingemachte!

Um in Ihrem Leben klar Schiff zu machen, müssen Sie sich von einigen Dingen, Gewohnheiten, Vorstellungen trennen. Und vielleicht auch von Beziehungen, an die Sie sich zwar gewöhnt haben, die Sie aber blockieren. Machen Sie sich klar: Diese Zustände sind nicht naturgegeben. Sie haben sich vor einigen Jahren für eine Partnerschaft oder eine berufliche Beziehung entschieden, und jetzt stellt sich heraus, dass die Entscheidung falsch war. Oder dass sie heute nicht mehr passt. Kein Grund, daran festzuhalten, im Gegenteil! Treffen Sie neue Entscheidungen!

Wenn also Ihre alten Vorräte, die Gläser mit eingemachtem Obst und Gemüse, schon ein bisschen muffig schmecken, sollten Sie handeln. Die gammeligen Gläser ewig stehen zu lassen ist keine Lösung. Essen Sie das Eingemachte auf, oder werfen Sie es weg! Schenken Sie sich die Arbeit, die alten Teile zu entstauben! Denn nur wenn die alten Gläser weg sind, können Sie endlich frisches Obst einmachen. Solches, das auch wirklich schmeckt.

Wenn Sie die Entscheidung getroffen haben, etwas in Ihrem Leben zu ändern, werden Sie früher oder später Zweifel überkommen, ob die Entscheidung denn auch die richtige ist. Plötzlich denken Sie: »Wenn ich mich trenne, dann bin ich doch ganz allein!«, oder: »Wenn ich meinen Job schmeiße, was mache ich dann? Ich habe gar keinen Plan B …?« Dann ist wahrscheinlich Ihre Angst am Werk. Die Angst vor der Leere, die Angst, was ohne die vertrauten Gewohnheiten wird. Dabei wissen Sie tief im Inneren, dass die Entscheidung richtig ist. Es schmerzt Sie nur die Ungewissheit, was aus Ihnen wird, also der Schwebezustand zwischen alter und neuer Beziehung, zwischen altem und neuem Job. Um diese Angst zu überwinden, gibt es eine Technik, für die Sie nur eine oder zwei Stunden Zeit brauchen.

So schneiden Sie alte Zöpfe ab

Wenn Ängste hochkommen, dann nur, weil Sie für ein paar Sekunden – oder auch länger – an der Sinnhaftigkeit Ihrer Entscheidung zweifeln. Diese Ängste können Sie mit einem einfachen Gedankenspiel in den Blick nehmen. Stellen Sie sich vor, wie Ihr Leben bald aussehen wird, wenn Sie nichts ändern. Stellen Sie sich Ihr Leben in 10, in 20, in 40 Jahren vor, mit all den unerträglichen Umständen, die dann noch festgefahrener, noch unerträglicher geworden sind. Bauen Sie ein richtiges Horrorszenario auf. So wird die Angst vor der immer gleichen Zukunft größer als die Angst vor der Veränderung. Sie fühlen sich wieder bei Kräften – und Sie können den Schnitt wagen.

Und was passiert dann? Muss man mit krisenhaften Zuständen, mit einem riesigen Eklat rechnen? Manchmal sicherlich. Doch viele Beziehungen werden sogar aufgefrischt, wenn alte Muster hinterfragt und durchbrochen werden. Kritikpunkte ehrlich und sachlich zu nennen, ist nicht nur besser, als Frust in sich hineinzufressen. Es kann auch die Beziehung deutlich voranbringen. So wie im Fall dieses alten Ehepaars – eine Geschichte, die ich liebe und Ihnen nicht vorenthalten will:

> Seit fünfzig Jahren teilt sich ein Ehepaar jeden Morgen ein Brötchen. Das hat sich so eingespielt und läuft immer gleich ab: Die Frau schneidet das Brötchen auf, gibt den oberen, knusprigen Teil ihrem Mann und behält den unteren, weichen Teil für sich. Sie mag zwar den knusprigen Teil lieber, aber sie gibt ihn ihrem Mann, weil sie ihm etwas Gutes tun will. Am fünfzigsten Hochzeitstag denkt sich die Frau:»Immer verzichte ich auf das Beste für meinen Mann. Aber in der Ehe sollen doch beide zu ihrem Recht kommen. Heute, bei der goldenen Hochzeit, gönne ich mir mal zur Feier des Tages den besseren Teil!«Also gibt sie den unteren Teil des Brötchens dem Mann und nimmt sich den oberen Teil. Der Mann ist im siebten Himmel:»Schatz, du hast mir gerade eine große Freude gemacht. Ich mag den weichen Teil des Brötchens so gerne. Ich habe ihn dir all die Jahre lang gerne gegönnt, aber es ist schön, dass du ihn mir zur goldenen Hochzeit abgibst!«

So hat jeder von beiden fünfzig Jahre lang aus falsch verstandener Rücksichtnahme auf etwas verzichtet, das ihm gefällt. Obwohl es gar nicht nötig gewesen wäre.

Was kann also passieren, wenn Sie jemanden offen mit Ihren Gefühlen oder mit der Wahrheit konfrontieren? Ja, vielleicht wird er oder sie vor den Kopf gestoßen sein und sich unter Tränen von Ihnen trennen. Vielleicht stellt sich aber auch heraus, dass Ihr Gegenüber gar nicht die Erwartungshaltung an Sie hat, die Sie ihm unterstellen. Dass er oder sie gerne bereit ist, Sie so zu akzeptieren, wie Sie sind. Und sich vielleicht sogar über eine frischere, prickelndere Beziehung freut. Den meisten Beziehungen tut es gut, wenn jeder offen sagt, was er möchte. Vielleicht ergänzt es sich ja so gut wie bei dem Ehepaar in der Geschichte. Wenn nicht, kann man immer noch genügend Rücksichten aufeinander nehmen.

Wenn die Beziehung aber nur funktioniert, wenn Sie eine Rolle spielen und ständig auf eine Seite Ihres wahren Selbst verzichten, dann bleibt Ihnen nichts anderes übrig, als sie zu beenden. Denn solche Beziehungen schaden nur. Das Gleiche gilt für alle anderen Lebenssituationen und -gewohnheiten: Beruf, Wohnort, Tagesrhythmus und so weiter.

Einer meiner Mitarbeiter, Harry, arbeitete sehr gerne mit dem Computer und zeigte auch Talent dafür. Wir bezahlten ihm einen Computerkurs, damit er sich fortbilden konnte, und hofften, dass er später mal unser Firmennetzwerk betreuen würde. Aber nach einiger Zeit meldete mir der Kursleiter, dass der Mitarbeiter nur sehr unregelmäßig kam. Und wenn er kam, probierte er während des Unterrichts ganz andere Dinge aus, als gerade Thema waren. Auf diese Weise hatte er Funktionen des Systems entdeckt, die selbst dem Kursleiter noch nicht vertraut waren – aber vom Lernstoff hatte er kaum etwas mitbekommen. Ich stellte Harry zur Rede. Nach einigem Hin und Her gab er zu, dass ihm ein festgelegter Tagesrhythmus und jede Form von Gruppenzwang im Grunde zuwider waren. Er wollte in seinem eigenen Tempo arbeiten, an Problemen, die ihn gerade in diesem Moment interessierten. Er wollte nicht geleitet werden, sondern selbst entdecken. Das war zwar ein Zeichen für seine Begabung, aber mit den Bedürfnissen unserer Firma unvereinbar. Er selber kam auf die Lösung des Problems: »Ich lerne besser zu Hause mit Online-Kurseinheiten, die ich mir selbst einteilen kann!« Das hat er dann auch gemacht und die Fortbildung sehr erfolgreich abgeschlossen. Daraufhin haben wir ihn erst einmal als Netzwerkadministrator eingestellt. Aber es gab weiterhin Probleme:

— — — — — —

Er kam unpünktlich zur Arbeit und tüftelte lieber an Details des Systems herum, statt die Grundfunktionen am Laufen zu halten. Inzwischen hat er sich selbstständig gemacht. So kann er zu den Zeiten arbeiten, die ihm passen, und sich auf die Themen spezialisieren, die ihn interessieren: Er optimiert Computersysteme für die Bedürfnisse seiner Kunden. Und für unser internes Netzwerk haben wir einen anderen Administrator eingestellt, der es sehr zuverlässig nach unseren Wünschen verwaltet und dabei Spaß daran hat, alles am Laufen zu halten. Damit war allen Beteiligten gedient.

Wenn Sie einen Beruf haben, den Sie nur ungern und halbherzig ausüben, tun Sie weder sich noch Ihren Kollegen und dem Chef einen Gefallen, indem Sie dabeibleiben. Wenn Ihnen Ihre Aufgaben keinen Spaß machen, können Sie nie richtig gut darin sein. Vielleicht sind Sie auch einfach nicht besonders begabt dafür. In diesem Fall ist es besser, Sie wechseln die Stelle und geben sie frei für jemanden, der sie mit Freude und Engagement ausfüllen würde. Und nutzen die Situation, um Ihren eigenen Stärken auf die Spur zu kommen und sie auszubauen.

3. Lesen Sie sich im Spiegel die Wünsche von den Augen ab

Wenn Sie herausgefunden haben, was Sie nicht mehr wollen, welche Beziehungen oder Zustände Sie aufgeben wollen, stellt sich die nächste Frage: Was will ich wirklich? Was ist Ihr neues Geschenk an Sie selbst, das Ihr Leben verändert und Sie glücklich macht? Nur mit einem konkreten Wunschbild vor Augen können Sie Ihr Leben ändern – und es zu Ihrem eigenen machen. Denn wer nicht weiß, wohin er will, läuft im Kreis und verirrt sich. Oder wird von jemand anderem nach dessen Plänen, vielleicht sogar an der Nase herumgeführt. Wenn Sie also keine Vorstellung von Ihrer Zukunft haben, arbeiten Sie, ohne es zu wollen, für die Pläne und Ziele Ihres Chefs, Ihres Partners, Ihrer Kinder. Die anderen fühlen sich damit pudelwohl. Sie selbst bringt das aber nicht weiter.

Deshalb: Schauen Sie Ihrem Spiegelbild in die Augen. Spielen Sie in Gedanken verschiedene Zukunftsszenarien durch und überprüfen Sie, bei welchem Ihre Augen leuchten und bei welchen sie trübe werden. Es kann sein, dass Ihr Wunschbild schon länger in Ihnen schlummert, Sie es aber noch nie haben hochkommen lassen. Wenn das so ist, dürften Sie nach einer halben Stunde vor dem Spiegel schon eine relativ klare Idee von Ihrer Zukunft haben.

Kommt Ihre Vision nicht einfach so auf Abruf? Dann heißt es, dass sie ein Stückchen tiefer vergraben ist. Um sie ans Licht zu holen, brauchen Sie zwei Dinge: Zeit und Ruhe.

Als ich damals meinen Job kündigte, der mich nicht mehr erfüllte, hatte ich erst mal keinen blassen Schimmer, was ich als Nächstes anpacken und in welche Bahnen ich mein Leben lenken wollte. Ich wusste, was ich nicht mehr wollte – und machte mir die Befreiung auch zum Geschenk – aber ich wusste noch lange nicht, welchen Weg ich jetzt einschlagen wollte.

Weil ich nichts überstürzen wollte, machte ich erst einmal Urlaub. Ich fuhr nach Spanien, ganz alleine. Dort bin ich stundenlang spazieren gegangen oder habe am Strand gesessen und den Wellen zugeschaut. Auf diese Weise habe ich versucht, den Kopf klarzubekommen. Zuerst habe ich noch eine Weile darüber nachgegrübelt, was alles schiefgegangen war und warum. Bis mir klar wurde: Das bringt nichts. Die Vergangenheit ist vorbei, ich kann sie nicht mehr ändern. Es nützt auch nichts, mich über die drei »vergeudeten« Jahre zu ärgern. Sie sind schließlich ein Teil meines Lebens, ohne den ich heute nicht an diesem Strand säße. Und wenn ich diese Zeit nicht durchlebt hätte, könnte ich jetzt nicht aus den Fehlern der Vergangenheit lernen.

Also akzeptierte ich die Situation. Ich versöhnte mich mit mir selbst – und sobald ich einen Schlussstrich unter die letzten drei Jahre gezogen hatte, war ich plötzlich ruhig und entspannt. Ich wusste zwar immer noch nicht, was ich wollte, aber ich hatte das zutiefst sichere Gefühl, dass ich es bald erfahren würde.

Völlig frei von Erwartungen ging ich erneut spazieren. Ich legte mehrere Kilometer durch den Sand zurück, und während ich gegen den wilden, salzigen Meerwind ankämpfte, kam plötzlich eine Idee nach der anderen. Ich spielte damit, entwarf verschiedene Szenarien, verwarf sie wieder und entwarf neue. Bis ich eines gefunden hatte, das mir rundum gefiel. Als ich nach Hause kam, hatte ich ein ganz klares Bild von meiner beruflichen Zukunft und den dringenden Wunsch, dieses Bild so schnell wie möglich zum Leben zu erwecken.

Wie kommen Sie also Ihren Wünschen auf die Schliche? Indem Sie den Druck, den Wunsch zu finden, rausnehmen und sich Zeit und Ruhe gönnen. Es muss nicht unbedingt ein Spanienurlaub sein. Aber um Ihre Traumvorstellung zu entwerfen, hilft es, sich einmal aus der gewohnten Umgebung herauszunehmen.

- -

Wüstentag

Nehmen Sie sich einen Tag oder ein paar Tage Auszeit und lassen Sie Ihren Alltag hinter sich. Das kann bei einem einsamen Waldspaziergang passieren, bei einem spontanen Wochenendtrip oder einfach, indem Sie für einen Tag Telefon, Internet und Fernsehen ausschalten und für niemanden erreichbar sind. Vielleicht setzen Sie sich auf einen ungewohnten Platz in Ihrer Wohnung, um nachzudenken. Holen Sie sich einen Zettel und sammeln Sie Ideen – erst einmal ganz ungefiltert, sortieren können Sie später. Stellen Sie sich Ihre Zukunft als eine völlig leere Wand vor, die Sie nach Belieben bemalen können. Fangen Sie ganz von vorn an, ohne Voraussetzungen.

- - - - - -

Manchmal ist es gar nicht so einfach, sich in Gedanken von den verschiedenen Einwänden à la »Das geht doch sowieso nicht, weil« zu lösen. Wenn es Ihnen schwerfällt, Ihre Fantasie ungebremst schweifen zu lassen, spielen Sie in Gedanken verschiedene unwahrscheinliche Situationen durch: Was würden Sie tun, wenn Sie im Lotto gewinnen würden? Was, wenn Sie bei einer guten Fee einen Wunsch frei hätten? Wenn Sie wüssten, dass Sie nur noch ein Jahr zu leben hätten, was wäre Ihnen dann das Wichtigste, das Sie unbedingt noch tun wollen? Entwickeln Sie eine Vision und malen Sie sie möglichst farbig aus. Wenn Ihre Augen dabei zu leuchten beginnen und Ihr Herz schneller schlägt, merken Sie, dass Sie auf dem richtigen Weg sind. So kommen Sie auf die Dinge, die Sie wirklich tun wollen.

- -

4. Lassen Sie den Traum wahr werden

Sie haben jetzt ein buntes, aufregendes und höchst attraktives Bild von Ihrer Zukunft entworfen und sind heiß darauf, es Realität werden zu lassen. Doch Träume bleiben Träume, wenn Sie nicht wissen, auf welchen Wegen Sie sie Wirklichkeit werden lassen können. Denken Sie deshalb nicht nur vage: »Ich habe eine tolle Idee, die ich mal verwirklichen will«, oder: »Es wäre doch schön, wenn ...«, sondern machen Sie sich Ihren Wunsch zum Ziel! Sie brauchen dazu keinen Lottogewinn und keine gute Fee. Sie können sich Ihre Wünsche auch selbst erfüllen, indem Sie sie in konkrete Ziele ummünzen.

Bei mir ging das so: Am letzten Tag des Spanienurlaubs hatte ich den festen Vorsatz, meinen Traum innerhalb von einem halben Jahr verwirklicht zu haben. Es hat dann etwas länger gedauert, weil es ein paar Schwierigkeiten gab, die ich in der abgehobenen Situation am Strand nicht bedacht hatte. Aber ich schaffte es, meine Vision umzusetzen, indem ich mir zu Hause einen konkreten

- - - - - -

Plan machte und diesen Schritt für Schritt umsetzte. Als die Idee am Strand aufkam, hatte ich das Ganze noch für einen wilden Wunschtraum gehalten, den ich nur mit viel Glück würde erfüllen können. Aber tatsächlich boten sich mir immer wieder Gelegenheiten, die einzelnen Planungspunkte umzusetzen. Vielleicht hatte es diese Möglichkeiten auch schon davor gegeben und ich hatte sie nur nicht bemerkt. Jetzt aber, wo ich ein konkretes Ziel vor Augen hatte, griff ich nach jeder Gelegenheit, die sich mir bot. So hatte ich nach zehn Monaten den Start geschafft und war auf einem guten Weg, mir meine berufliche Zukunft aufzubauen – die Zukunft, die ich mir am Strand in Spanien erträumt hatte.

Wie machen Sie also Ihren Wunsch zum Ziel? Indem Sie einen richtigen Plan entwerfen.

Viele kleine Schritte führen zum Ziel

Zäumen Sie das Pferd von hinten auf und setzen Sie sich als Erstes eine Deadline. Ihr Unterbewusstes bekommt dann das Signal: Okay, jetzt wird's ernst. Um hinzukommen, brauche ich eine genaue Aufstellung, was zu tun ist. Als Nächstes überlegen Sie, welche Schritte Sie bis zu Ihrem Ziel gehen müssen und was Sie dazu brauchen. Seien Sie dabei so konkret wie möglich. Zum Beispiel: Übermorgen mache ich einen Termin mit dem Chef aus, um über die berufliche Veränderung zu sprechen. Bis Ende des Monats habe ich ein Gewerbe beantragt, bis in zwei Monaten habe ich die Räumlichkeit dafür gefunden. Seien Sie verrückt in Ihrer Vision, aber realistisch in Ihren Zielsetzungen. Denn wenn Ihre Ziele nicht erreichbar sind, werden Sie auch keine Erfolge feiern können. Unterteilen Sie den Weg in viele kleine Schritte. Wenn Sie sich zu viel auf einmal vornehmen, besteht die Gefahr, dass Sie sich vor diesem Berg von Anfang an scheuen und sich gar nicht erst daranmachen. Oder dass Sie auf halbem Weg schlapp machen. Aber wenn Sie in kleinen Schritten ohne Pausen immer weitergehen, erreichen Sie Ihr Ziel. Dann können Sie feiern – und sich selbst etwas Schönes schenken!

Das Interessante daran, wenn Sie Ihren Traum wahr werden lassen: Sie sind vom Ergebnis so berauscht, dass Sie sich plötzlich fragen, warum Sie die Baustelle nicht schon längst in Angriff genommen haben. Sie können Ihren Rausch kaum auskosten, und schon sehen Sie die nächste Baustelle. Das ist ähnlich, wie wenn Sie Ihre Wohnung putzen: Sie wollten nur den Schreibtisch aufräumen, aber jetzt, wo der frei ist, merken Sie erst, was sich hinter dem Schreibtisch noch alles stapelt. Wenn Sie also anfangen, an einer Stelle Ihres Lebens aufzuräumen, kann es gut sein, dass Sie bald feststellen: Es gibt auch noch andere Ecken, in denen das Chaos herrscht. Haben Sie also erst einmal in Ihrem Berufsleben durch und durch sauber gemacht, kann es gut sein, dass Sie bald darauf mitten in einem Generalputz stecken. So wie Bernd, ein Freund von mir.

Bernd hatte Probleme mit seiner Firma. Irgendwann merkte er, dass er unzufrieden und gestresst und ständig gereizt war, wenn er mit seinen Kollegen sprach. Er dachte darüber nach und kam zu dem Schluss, dass es an seiner Arbeitsüberlastung lag. Die Arbeit fraß zu viel von seiner Zeit, ließ ihm kaum Freiraum für sich und seine Familie. Er konnte nie mehr richtig ausspannen, und seine Frau beklagte sich, dass sie ihn kaum noch sah.
Er entschloss sich, seinen Spiegel zu putzen. Er sprach mit dem Chef über eine neue Arbeitszeitregelung. Statt sich seine vielen Überstunden auszahlen zu lassen, wollte er ab jetzt jeden Nachmittag um Punkt 17 Uhr gehen. Der Chef war zuerst nicht begeistert, aber das Argument »Dann bin ich im Rest der Zeit auch fitter und kann mich besser konzentrieren« überzeugte ihn. Also ging mein Freund von da an jeden Tag pünktlich nach Hause. Er

- - - - - -

freute sich, wieder mehr Zeit mit seiner Familie zu verbringen, aber schon bald musste er feststellen: Er stritt sich mit seiner Frau mehr als je zuvor. Es hatte schon länger Unstimmigkeiten zwischen ihnen gegeben, und jetzt wurde ihm klar, dass diese nicht nur an seinen langen Arbeitsstunden lagen, sondern dass er im Gegenteil vor dem Ärger zu Hause zur Arbeit geflüchtet war.

Da er nun schon einmal damit begonnen hatte, in seinem Leben aufzuräumen, machte er gleich bei seinem Familienleben weiter. Er setzte sich mit seiner Frau zusammen und sprach sich mit ihr aus. Dabei stellte sich heraus, dass sie schon lange sein hoher Alkoholkonsum störte. Es gab noch ein paar andere Probleme, aber das war das wichtigste. Dass er am Rand zur Sucht stand, hatte er gar nicht bemerkt. Er hatte nur jeden Abend den Stress im Büro und zu Hause mit drei oder vier Bieren »ertränkt«. Nach ein paar Tagen des Nachdenkens stimmte er zu, regelmäßig zu einer Selbsthilfegruppe zu gehen. Damit fing er sich wieder. Die Beziehung zu seiner Frau verbesserte sich und die Arbeit stresste ihn nicht mehr so sehr. So griff ein Rädchen ins andere. Nach und nach räumte Bernd in allen Bereichen seines Lebens auf und machte klar Schiff.

5. Halten Sie den Spiegel sauber

Gratulation! Jetzt haben Sie die Flecken auf Ihrem Spiegel gefunden und weggeputzt: Sie haben sich von vielem getrennt, was nicht zu Ihrem wahren Selbst gehört, und Sie haben herausgefunden, wie Sie künftig leben wollen. Vielleicht sind Sie auch schon dabei, das umzusetzen. Und jetzt? Können Sie sich entspannt zurücklehnen und den Rest Ihres Lebens auf sich zukommen lassen? Vielleicht sieht es so aus, als hätten Sie genug getan. Schließlich haben Sie echte Leichen aus dem Keller geholt und können jetzt

------

endlich mit sich im Reinen sein. – Eine große Leistung! Doch die Arbeit hört damit nicht auf.

Vielleicht kennen Sie den Effekt: Wenn Sie die Ablage in der Kaffeeküche nicht nur wischen, sondern richtig durchscheuern, sodass sie glänzt, haben Sie neben den Danksagungen Ihrer Kollegen auch einige Tage perfekte Sauberkeit. Aber nach einiger Zeit ist doch einer in Eile und stellt seine Teetasse auf der Ablage ab statt in der Spülmaschine. Was passiert als Nächstes? Kommt er später vorbei und räumt sie weg? Schön wär's. Sobald auf der Ablage eine Tasse steht, gesellen sich zehn andere dazu. Innerhalb weniger Stunden ist die Fläche proppenvoll. Und so bleibt sie auch – bis sich wieder jemand findet, der den Dreck nicht mehr aushält, die Ärmel hochkrempelt und alles wegräumt und grundreinigt.

Übertragen auf Ihr Leben bedeutet das: Wenn Sie sich und andere ent-täuschen, wenn Sie ehrlich zu sich selbst sind und endlich das Leben leben, das Sie leben wollen, dann können Sie nicht darauf vertrauen, dass sich keine weiteren Selbsttäuschungen aufbauen. Und auch nicht, dass Sie beim letzten Frühjahrsputz alle Winkel gefunden haben. Im Gegenteil: In alte Muster oder Gewohnheiten zurückzufallen ist völlig menschlich. Niemand kann das vollkommen unterbinden. Aber Sie können gegenhalten. Und zwar nicht erst, wenn Ihnen das Leben aus dem Ruder läuft, sondern rechtzeitig.

Deshalb: Wenn Sie den Spiegel einmal gründlich geputzt haben, achten Sie darauf, ihn regelmäßig sauber zu halten. Seien Sie immer ehrlich zu sich und zu anderen! Tun Sie das, was Sie wirklich wollen – und nehmen Sie es den anderen nicht krumm, wenn auch sie das tun, was sie wollen. Wir sind eine Gesellschaft von selbstständigen, gleichberechtigten Menschen. Und ja: Die anderen können die Wahrheit vertragen.

Geben Sie sofort Feedback, wenn Ihr Kollege Ihren Beitrag zum gemeinsamen Projekt vor dem Chef verschweigt, wenn Ihre Partnerin schon seit Tagen an Ihnen rumnörgelt oder wenn Ihr

------

Mitarbeiter Mist gebaut hat. Denn wenn Sie den Ärger in sich hineinfressen, sind Sie irgendwann wahnsinnig frustriert, und der andere hat gar keine Chance, sein Verhalten zu ändern – weil er selbst überhaupt nichts von Ihrer Unzufriedenheit mitbekommt. Was dann passiert, können Sie sich ausmalen: Ihre Enttäuschung entlädt sich explosionsartig und Ihr Gegenüber ist verletzt.

Wenn Sie etwas stört, sprechen Sie es also lieber gleich an, ruhig und unaufgeregt. Dabei sollten Sie nicht das alleinige Ziel verfolgen, Dampf abzulassen, sondern das Problem zu lösen. Dazu müssen Sie zunächst sagen, was Sie stört – aber auch offen sein und hören wollen, wie der andere die Situation sieht.

Eine Freundin von mir hat sich zum Beispiel immer wieder darüber geärgert, dass ihr Mann das Geschirr nach dem Essen auf dem Tisch stehen ließ. Mehrmals forderte sie ihn auf, ihr beim Abräumen zu helfen. Eine Zeit lang hat er das gemacht, dann ließ er das Geschirr wieder stehen. Nach einer Weile war sie es leid, sich und ihrem Mann mit ihrem Genörgel die Stimmung zu verderben. Fast wollte sie aufgeben, aber einmal hat sie es doch noch klar ausgesprochen. Diesmal machte sie nicht ihrer Unzufriedenheit Luft, sondern beschrieb sachlich, dass in 99 Prozent der Fälle sie den Tisch abräumt und ihr diese Arbeitsteilung unter Eheleuten ungleichgewichtig erscheint. Als ihr Mann dann zur eigenen Verteidigung sagte: »Stimmt, Abräumen mache ich nicht gern. Dafür bin ich meist derjenige, der den Müll runterbringt«, dauerte es nicht mehr lange, bis die beiden einen Pakt geschlossen hatten: Meine Freundin räumt ab, ihr Mann bringt dafür den Müll raus.

Aber Vorsicht: Offen sein bedeutet nicht, mit dem Holzhammer zu arbeiten. Beim konstruktiven und wirkungsvollen Umgang miteinander ist nicht nur Offenheit, sondern auch viel Fingerspitzengefühl gefragt. Wenn der andere ein extrovertierter, selbstsicherer Mensch ist, können Sie Probleme direkt und offen ansprechen, ohne ihn zu verletzen. Wenn Sie es eher mit einem introvertierten oder unsicheren Menschen zu tun haben, kommen

Sie am ehesten ans Ziel, wenn Sie »polstern«. Das heißt nicht, dass Sie Probleme gar nicht ansprechen sollten. Sie sollten nur einen günstigen Zeitpunkt dafür wählen, je nach Situation und Beziehung ein extra Treffen dafür ausmachen, zum Beispiel in einem netten Café. Bringen Sie Ihr Anliegen in ruhigem, unemotionalem Tonfall vor. Machen Sie keine Schuldzuweisungen, sondern gehen Sie von sich aus. Sagen Sie: So sehe ich das. Das sind meine Wünsche, so will ich leben, so stelle ich mir unsere Beziehung vor. Wie siehst du das? Bleiben Sie offen. So gelingt es am besten, Probleme aus der Welt zu schaffen, ohne den anderen zu verletzen.

Wenn Sie auf diese Weise immer Ihren Spiegel putzen, enttäuschen Sie nicht nur sich selbst, sondern auch Ihre Mitmenschen. Besser gesagt: Sie lassen nicht mehr zu, dass diese sich selbst täuschen über Ihren Charakter und Ihre Wünsche. Sie löschen das falsche Bild von Ihnen in Ihren Mitmenschen aus und zwingen sie dazu, sich selbst zu ent-täuschen. Was für eine Befreiung! Jetzt haben Sie eine gute Chance, Ihr Leben so zu führen, wie Sie selbst es wollen. Dann können Sie wirklich glücklich werden.

Das schenk ich mir

- *Ich habe erkannt, dass mein Selbstbild verfälscht ist und von den Erwartungen anderer Leute beeinflusst wird. Jetzt versuche ich, nur noch ich selbst zu sein.*
- *Ich nehme mir eine Auszeit und denke gründlich darüber nach, was ich in Zukunft anders machen und wie ich mein Leben gestalten will.*
- *Ich mache mich Schritt für Schritt daran, diese Ziele zu verwirklichen.*
- *Ich trenne mich von lästigen Freundschaften, die ich nur noch aus Pflichtgefühl aufrechterhalten habe.*
- *Vielleicht trenne ich mich auch von meinem Job.*

- *Längst überholte Familienrituale passe ich meinen heutigen Bedürfnissen an.*
- *Ich frage mich auch weiterhin in jeder Lebenslage: »Will ich das hier wirklich?« Wenn nicht, ändere ich es. Wenn mich etwas an anderen Leuten stört, spreche ich es gleich an, ruhig und freundlich. So lassen sich die meisten Probleme beseitigen, bevor sie wirklich welche werden.*

5

Werde so selbstbewusst, dass du selbstsicher sein kannst

Als ich den Laden betrete, fällt sie mir sofort ins Auge. Sie sieht so wunderbar weiblich aus. Und gleichzeitig lässig und trendy – eine faszinierende Mischung. Ihr Outfit ist einfach perfekt. Das Kleid in elegantem Silbergrau umspielt locker ihre Knie, ohne dabei damenhaft zu wirken. An den Schultern ist es gerafft, und das Dekolleté hat den exakt richtigen Ausschnitt – nicht zu viel und nicht zu wenig. Unsere Augen treffen sich. Da platzt es aus mir heraus: »Sie haben ein tolles Kleid an. Gibt es das hier zu kaufen?« Die Verkäuferin lacht; ich habe Glück, es ist erst vorgestern herein gekommen, und es sind noch alle Größen da. Ich drehe mich vor dem Spiegel hin und her. Klar, zwei Nummern größer wirkt der Schnitt schon ein wenig anders. Aber immer noch wunderbar. So angezogen und gleichzeitig locker und luftig, nichts zwickt oder zwackt. Und das Silbergrau harmoniert optimal mit meinen dunklen Haaren. Hm, soll ich, oder soll ich nicht? Die Verkäuferin gibt keinen Kommentar ab, sieht mir nur freundlich lächelnd zu. Noch mehrere prüfende Blicke in den Spiegel, dann steht für mich fest: »Ich nehme es! Könnten Sie mir bitte das Etikett entfernen, ich lasse es gleich an.«
Als ich das Vortragsforum betrete, fühle ich mich optimal für den Anlass gekleidet. Zwar macht mir niemand ein Kompliment,

aber das ist in diesem Rahmen auch nicht üblich. Und wer weiß schon, dass ich das Kleid erst vor zehn Minuten gekauft habe … Ach, da ist ja mein Mann! Er kommt mir freudig strahlend entgegen. Noch ein Begrüßungskuss, dann kann ich es nicht mehr zurückhalten:»Und? Wie findest du mein neues Kleid?« Sein Blick gleitet an mir auf und ab.»Hm … Siehst ganz schön pummelig darin aus.«

Diese Episode ist zwei Jahre her. Ich erinnere mich so gut daran, weil es noch ein besonders schöner Abend wurde. Nach dem wenig schmeichelhaften Kommentar meines Mannes hatte ich kurz mit den Schultern gezuckt:»Echt? Na ja, wenn du meinst. Ich finde es toll!« Und schon hatte ich mich mit ihm unter die Gäste gemischt.

Seither hole ich das Kleid immer wieder gern aus dem Schrank und fühle mich nach wie vor pudelwohl darin. Auch wenn es bis heute noch niemand gelobt, noch kein Mensch bewundert hat. Ich trage es, weil es mir gefällt. Natürlich freue auch ich mich über Komplimente, wie z. B. bei meinem knallroten Mantel, der bei jedem Tragen Aufsehen erregt. Toll, dass er so gut ankommt. Doch meine Outfit-Entscheidungen mache ich trotzdem nicht abhängig von den Komplimenten, die ich dafür einheimsen könnte.

Natürlich war das nicht immer so. Wenn mir diese Episode am Anfang unserer Beziehung passiert wäre – wahrscheinlich hätte ich auf dem Absatz kehrtgemacht und das Kleid in den Laden zurückgebracht. Heute kann mich so etwas nicht mehr treffen. Dann sind wir halt nicht einer Meinung, kann ja mal vorkommen. Ich weiß, was ich gut finde.

Selbstbewusst oder arrogant?

Wer selbstsicher ist, der hört sich die Meinung anderer Leute zwar gerne an. Entscheiden wird er aber aufgrund seines eigenen Urteils.

Wenn niemand sonst seiner Meinung ist, kann er ganz entspannt damit umgehen. Er muss seine Mitmenschen nicht überzeugen und braucht keine Bestätigung von ihnen.

Erst neulich habe ich auf einer Geburtstagsfeier in einem schönen Restaurant wieder erlebt, was es heißt, wenn einer ganz unbedingt die Bestätigung anderer braucht:

Die Gäste sind schon beim ersten Gang, als er den Raum betritt. Alle Blicke richten sich auf ihn, doch er scheint es gewohnt zu sein. Wow, ein klasse Typ! Hochgewachsen, dunkelhaarig, gut aussehend. Lässig begrüßt er die Gastgeberin und überreicht sein Geschenk. »Sorry, aber dieser Verkehr! Mein Wagen hat wirklich alles gegeben«, lässt er verlauten. Als ihm der Kellner den Salat bringt, bestellt er die Weinkarte. Mit Kennermiene studiert er das Angebot. Es dauert reichlich, bis er mit dem Kellner zu einer Einigung kommt. Währenddessen erfahren die Umsitzenden so allerlei: dass er in Südafrika aufgewachsen ist, weil sein Vater dort einen eigenen Weinberg besitzt; dass er eine große Rechtsanwaltskanzlei in Konstanz hat und seine Privatvilla mitten in den Weinbergen von Meersburg liegt. Dass aber, leider, leider, die Bodenseeweine weit hinter der südafrikanischen Qualität zurückstehen … »Könnte ich bitte die Weinkarte haben?«, frage ich, als er die Bestellung endlich abgeschlossen hat. Er reicht mir die Karte und beobachtet kritisch meine Auswahl. Als ich einen Rosé zum zweiten Gang bestelle, belehrt er mich, ein Weißwein würde viel besser dazu passen. Ich bleibe bei meinem Rosé. Dann wende ich mich meinem anderen Tischnachbarn zu. Der Weinkenner isst schweigend seinen Salat. Aber nicht lange. Ihm gegenüber sitzt eine ältere Dame und verwickelt ihn in ein Gespräch. Ob ich will oder nicht – nun erfahre ich alles. Haarklein. Von der Jugend im Elite-Internat über die Heirat mit der vermögenden Unternehmertochter bis zu den Mandanten seiner Anwaltskanzlei. Die alte Dame hört höflich zu.

Es scheint sie nicht zu stören, dass sie selbst nie zum Erzählen kommt, sondern immer nur kurze Zwischenfragen einwerfen kann. Hilfe, jetzt fängt er auch noch an, sich über die besten Golfclubs in der Schweiz auszulassen ... Ich hole tief Luft. Und beschließe, kurz auf die Terrasse zu gehen und etwas durchzuatmen. Dort treffe ich auch Isabell, die Gastgeberin, die gerade eine Zigarettenpause macht. Ich kenne sie schon lange und kann mir die Frage nicht verkneifen: »Sag mal, Isa, was ist das denn für ein Vogel?« »Ach«, winkt Isabell ab, »nimm ihn nicht so ernst. Ist ein alter Schulfreund meines Mannes. Der hat's halt nötig, das war schon immer so.«

Nach dem Essen vermeide ich es tunlichst, in die Nähe des Aufschneiders zu geraten. Doch – oh Wunder – er hat es registriert. Als er mir zum Abschied die Hand schüttelt, fragt er mich, plötzlich sehr unsicher und verletzlich wirkend: »Warum sind Sie mir denn die ganze Zeit aus dem Weg gegangen?«

Arroganz und Selbstüberschätzung sind Fallstricke, die ab und zu auf dem Weg zur Selbstverwirklichung liegen. Arroganz kann manchmal zum Gegenpol einer früheren Schüchternheit werden. Die Gefahr ist besonders groß, wenn man sich schon aus den meisten Defiziten herausgearbeitet hat. Endlich, endlich zeigt sich die Wirkung im Außen. Der einflussreiche Job macht Spaß, das Geld fließt, die Erfolge beim anderen Geschlecht geben eine Menge Auftrieb. Ohne Frage – es ist ein tolles Gefühl, plötzlich viel mehr wahrgenommen und anerkannt zu werden! Damit dies so bleibt, glaubt manch einer, die ganze Welt über seinen beeindruckenden Werdegang informieren zu müssen. Der große Wunsch nach Aufmerksamkeit zeigt sich dann deutlich in der übertriebenen Fixierung auf äußere Erfolge.

Hinter dieser lauten, glänzenden Fassade versteckt sich immer noch die alte Unsicherheit. Mit dem brüsken Auftreten wird sie nur überspielt. Das ist verständlich. Wer will schon gern als

Mauerblümchen gelten, wenn er weiß, dass Schüchternheit das sicherste Rezept ist, um übersehen zu werden? Gerade wer in der Öffentlichkeit steht, kann sich das kaum leisten. Daher präsentiert er sich selbstsicherer, als er tatsächlich ist. In Wirklichkeit ist er immer noch abhängig vom Urteil der anderen: von ihren Komplimenten, von ihrer Bewunderung. Wenn die mal ausbleiben, bekommt der Hochglanzlack breite Risse, hinter denen die alte Unsicherheit hervorblitzt. Sie wird dann schnell wieder mit Statussymbolen überkleistert.

Für dieses Verhalten werden die Weichen früh gestellt. Wer von klein auf die Anerkennung nur über seine Leistung bekam, sucht auch als Erwachsener mit Geld und Status zu punkten. Und gleichzeitig das schlechtzumachen, was andere erreicht haben – um im Vergleich noch besser dazustehen. Bei solchen Zeitgenossen drängt sich dann rasch der Eindruck auf: »Mensch, was soll denn das? Das hat der /die doch gar nicht nötig!« Da gibt es z. B. die attraktive, supererfolgreiche Geschäftsfrau, die trotzdem kein gutes Haar an ihren Mitbewerbern lässt. Oder der eigentlich recht nette Typ auf der Party, der aber ständig von seiner Gastrolle in einer Fernsehserie spricht. Oder die Kollegin, die immer betont, dass sie die meisten Kunden an Land zieht. Der Nachbar, bei dem immer alles schöner, besser, größer ist. Doch über die Probleme mit seinen Kindern würde er niemals ein Wort verlieren …

Sie alle haben eines gemeinsam: Sie definieren sich über Äußerlichkeiten, sei es das Geschäft, die Fernsehrolle, die Kunden oder der Besitz. Und ihr Aufplustern ist so offensichtlich, dass man milde, weil mitleidig, denkt: Okay, wenn du es so dringend brauchst, dann mache ich dir halt die Freude!

Der Spaß hört erst auf, wenn es zu laut, zu lästig, zu unfair wird. Weil viele von uns bis zu einem gewissen Grad eigenblind sind, ist es sicher nicht verkehrt, das Thema dann etwas deutlicher anzusprechen. Oder ganz genau hinzuschauen, ob wir vielleicht gerade selbst auf dem hohen Ross sitzen. Habe ich vielleicht Angst,

------

ohne Abitur nicht genügend zu gelten, und gebe deshalb vor, immer alles besser zu wissen? Glaube ich tief in mir drinnen, ich bin nicht schön genug? Vergleiche ich mich deshalb dauernd mit anderen und mache die Konkurrenz nieder, nur um mich nicht so unscheinbar zu fühlen? Nur wer in seinem tiefsten Inneren an sich zweifelt, muss ständig allen beweisen, was er doch für ein toller Kerl ist.

Der eitle Löwe

Der Löwe ist heute mit der linken Pfote aufgestanden. Muss am Wetter liegen oder an der dummen Hyäne, die ihn in der Nacht ausgelacht hat. Eine Hyäne, die den König der Tiere verspottet – das geht ja gar nicht! Es wird Zeit, einen Rundgang durch sein Reich zu machen und allen zu zeigen, wer hier der Chef ist. Als Erstes begegnet ihm der Hase. Der will natürlich sofort davonhoppeln, denn wer weiß, ob der Löwe schon gefrühstückt hat. Doch der Löwe denkt gar nicht ans Fressen und brüllt nur laut: »Halt, Hase, hiergeblieben! Beantworte mir eine Frage: Wer ist der Größte, Stärkste und Mächtigste im Reich der Tiere?« Der Hase, sehr erleichtert, dass er nicht gefressen werden soll, bibbert unterwürfig: »Dddddu natürlich, Löwe! Dddddu bist doch der Kkkkkönig!« Der Löwe ist schon etwas besser gelaunt und trifft als Nächstes die Antilope. »Halt Antilope, hiergeblieben! Beantworte mir sofort eine Frage: Wer ist der Größte, Stärkste und Mächtigste im Reich der Tiere?« »Du natürlich, großer Löwe«, antwortet die Antilope höflich und springt eilig davon. Der Löwe schüttelt stolz seine Mähne und schreitet weiter. Als Nächstes begegnet ihm der Elefant. Der ist reichlich amüsiert, als sich der Löwe vor ihm aufplustert und seine Frage brüllt. Ach, dann mach ich ihm halt die Freude, denkt er und antwortet lächelnd: »Natürlich du, Löwe, wer denn sonst!« Jetzt ist die schlechte Laune des Löwen endgültig verflogen. Er fühlt sich groß und mächtig, einfach gigantisch. Da sieht er das Nashorn antraben. Ja genau, auch dem wird er es heute zeigen. »Halt, Nashorn«, stellt er sich dem riesigen Tier in den Weg, »auch du beantwortest mir jetzt sofort eine Frage: Wer ist der Größte, Stärkste und Mächtigste im Reich?« Das Nashorn stutzt nur kurz, nimmt ihn dann mit einer Bewegung auf sein spitzes Horn und schleudert ihn zweihundert Meter durch die Luft. Der Löwe steht torkelnd auf, schüttelt den Staub aus seinem Fell und trottet brummelnd davon: »Man wird ja wohl noch fragen dürfen ...«

Armer Löwe ... Tja, es kann sehr schmerzhaft werden, wenn man plötzlich vom hohen Ross geschubst wird. Doch so weit muss es ja nicht kommen. Es lässt sich leicht vermeiden, wenn man nur klug genug ist, schon vorher abzusteigen.

Als Erstes gehört dazu, sich einzugestehen, von welchen Unsicherheiten man gerade ablenken will. Auf welchem Gebiet man sich noch nicht so toll fühlt, wie man gerne wäre. Habe ich an mich den Anspruch, die Schönste zu sein? Die Klügste? Die mit dem dicksten Auto oder den einflussreichsten Verbindungen? Wer sich über derartige Anforderungen an sich selbst im Klaren ist, erkennt auch rasch: Sie sind unsinnig. Das ganze Leben lang wird es immer jemanden geben, der besser, schöner, sportlicher, reicher, cooler, witziger, intelligenter ist – die Liste ließe sich unendlich fortführen. Na und? Jeder ist einzigartig. Mit seinen Stärken, aber auch mit seinen Schwächen.

Sich die eigenen Schwächen einzugestehen ist nicht immer angenehm, aber es lohnt sich. Denn es entspannt ungemein, nicht mehr perfekt sein zu müssen. Wenn wir alle Seiten an uns kennen, können wir uns realistisch einschätzen und müssen nicht ständig auftrumpfen. Es macht stärker und sicherer, wenn wir uns bewusst sind, wer und wie wir wirklich sind. Wer sich im Bewusstsein seiner selbst, im Selbstbewusstsein, übt, bekommt eine natürliche Ausstrahlung, die nichts mit Arroganz zu tun hat. Er kann gleichzeitig sich selbst und sein Gegenüber respektieren.

Der Weg zur Selbstsicherheit

Wer selbstbewusst ist, wird auch selbstsicher. Wie das geht? Wie immer, in mehreren Schritten. Einer nach dem anderen.

1. Erkennen Sie sich selbst.
2. Steigern Sie Ihr Selbstbewusstsein.
3. Seien Sie die beste Ausgabe Ihrer Selbst.
4. Souverän – in jeder Lage.

Sich klar werden, wer ich wirklich bin, das ist die Basis, um schlussendlich zu echter Selbstsicherheit zu gelangen. Auf dem Weg zum Ziel werden wir uns mit Kernelementen unser Selbstwahrnehmung beschäftigen, mit unseren Stärken ebenso wie unseren Schwächen und dem Respekt, den wir uns und anderen entgegenbringen.

1. Erkennen Sie sich selbst

Es geht nicht um: Zeige, was du hast. Äußerlichkeiten wie Haus, Auto, Bildungsabschluss etc. machen nicht den Wert einer Person aus. Das wissen wir alle, aber in unserer zunehmend von Materiellem bestimmten Welt ist es wichtig, sich immer wieder von Neuem daran zu erinnern. Der eigentliche Wert liegt tief im Inneren einer Person. Er besteht auch nicht darin, bessere Fähigkeiten und Talente zu haben als andere Menschen, sondern darin, die vorhandenen Fähigkeiten so gut wie möglich einzusetzen. Daher heißt das Motto: Erkenne, wer du bist. Wer über seine Stärken und

Schwächen, seine Fähigkeiten und Vorlieben genau Bescheid weiß, der kann die Stärken gezielt nutzen und ausbauen. Und Situationen vermeiden, in denen die Schwächen ihm das Leben schwer machen. So hat er mit der Zeit immer mehr Erfolge vorzuweisen und immer weniger Misserfolge und kann daher immer selbstsicherer werden.

Doch wie werden Sie sich Ihrer selbst bewusst? Im ersten Schritt ist es hilfreich, eine nüchterne Bestandsaufnahme zu machen. Wenn Sie dabei ins Bewerten fallen, die Schwächen zu sehr betonen und die Stärken zu sehr kaschieren, hilft Ihnen diese Aufgabe, bei der reinen Beschreibung zu bleiben:

Erfolgsmomente zeigen die besten Fähigkeiten

Lassen Sie die zehn größten Highlights in Ihrem Leben, bei denen Ihnen etwas richtig gut gelungen ist, vor Ihrem geistigen Auge vorüberziehen. Die magischen Momente, wo Sie das Gefühl hatten, zu fliegen und alles erreichen zu können. Malen Sie sich diese Erlebnisse so richtig farbig aus, mit allen Details. Und fragen Sie sich: Was habe ich damals genau gemacht? In welchem Moment hatte ich mein Erfolgserlebnis? Welche Stärke habe ich in dieser Situation genutzt? Diese Stärke schreiben Sie dann auf.

Zum Beispiel: Als ich damals nach Mailand gefahren bin, um Schmuck zu kaufen, war der Höhepunkt der Moment, als ich vor dem Stand des Schmuckherstellers stand. Als ich sah, dass die Messe wirklich die Produkte bot, die ich mir erhofft hatte, wusste ich, ich hatte mein Ziel erreicht. Diesen Erfolg habe ich erreicht, indem ich spontan und mutig war und offen auf wildfremde Menschen zugegangen bin. Wenn Sie auf diese Weise zehn Situationen durchgehen, werden Sie entdecken, dass manche Fähigkeiten, die Sie zum Erfolg führten, sich bei mehreren Highlights wiederfinden. Und das sind Ihre größten Stärken.

Nachdem Sie Ihre Talente benannt haben, können Sie sie noch um diejenigen Ihrer Fähigkeiten ergänzen, die auf den ersten Blick nicht so spektakulär erscheinen. Durchforsten Sie dafür Ihr Berufs- und Privatleben, Ihre Hobbys, Ihr ehrenamtliches Engagement. Vergessen Sie nichts, auch so alltägliche Dinge wie Autos reparieren, Kochen und Backen, Zusammenhänge gut erklären können, Tanzen, Kinder beaufsichtigen, Streit schlichten, Tabellen programmieren, Rosen züchten etc. Und bitte vergessen Sie nicht: Sein statt Haben! Sie punkten vor allem mit Ihrer Person und Ihren Fähigkeiten und nicht mit dem, was Sie besitzen. Auf diese Weise bekommen Sie eine schöne Liste Ihrer Stärken zusammen und wissen: Darauf kann ich stolz sein.

Und jetzt kommt die Gegenseite: Überlegen Sie sich fünf Situationen, die nicht so gut gelungen sind. Was hätten Sie gebraucht, um Erfolg zu haben? Welche Fähigkeiten haben Ihnen gefehlt? Zum Beispiel: Als ich bei einer Konferenz so sehr ins Stottern geraten bin, hätte ich rhetorische Fähigkeiten gebraucht. Erstellen Sie daraus eine Liste Ihrer Schwächen. Sie ist eine wertvolle Hilfe, um zu verhindern, dass Ihr Selbstbewusstsein Tiefschläge abbekommt.

Zugegeben, nicht immer ist alles schmeichelhaft, was man so über sich selbst herausfindet. Aber machen Sie sich nicht verrückt – wir haben doch alle unsere Schwächen. Es geht nicht darum, auf ihnen herumzureiten. Doch seine Schwächen zu kennen bringt viele Vorteile. Wer ganz genau weiß, dass er Riesenhemmungen hat, vor einer größeren Gruppe zu reden, wird es sich zweimal überlegen, ob ausgerechnet er den Posten als Pressesprecher anstreben sollte. Wer nur 1,65 Meter groß ist, braucht gar nicht erst probieren, Basketballstar zu werden. Stattdessen kann er rechtzeitig überlegen, in welcher Sportart seine geringere Körpergröße gefragt ist. Und kann auf diese Weise einen augenscheinlichen Nachteil zu einem Vorteil für sich machen. Seine Schwächen zu kennen hilft dabei, nicht immer wieder auf sie hereinzufallen – und stärkt damit das Selbstbewusstsein.

Wissen Sie, was jetzt der größte Fehler wäre? Wenn Sie Ihre Aufzeichnungen gleich wieder in der Schublade verschwinden lassen würden. Bitte nicht! Lassen Sie sie ruhig ein Weilchen an einer gut sichtbaren Stelle liegen. Schauen Sie sich vor allem die Auflistung Ihrer Potenziale nicht nur einmal, sondern regelmäßig an.

Ach ja, noch ein wichtiger Punkt, der berücksichtigt sein will, wenn es mit dem Selbstbewusstsein bergauf gehen soll: Ihr Aussehen. Wir würden uns selbst beschwindeln, wenn wir nicht zugeben würden, dass unser Selbstbewusstsein auch von der Zufriedenheit mit unserem Aussehen abhängt.

Wie zufrieden sind Sie mit Ihrem Äußeren? Machen Sie einen Check und konzentrieren Sie sich bewertungsfrei auf die Fakten. Stellen Sie sich in einem günstigen Moment des Alleinseins vor den Spiegel. Vermeiden Sie jetzt strikt jedes abwertende Urteil: »Oh je, was hab' ich nur für fette Oberschenkel!«, oder: »Meine Nase ist viel zu groß, die Arme sind viel zu lang. Und insgesamt sehe ich todlangweilig aus.« Solche Gedanken gehören nicht hierher. Diese Sätze streichen Sie am besten sofort aus Ihrer Bestandsaufnahme. Stattdessen achten Sie zuerst auf das, was Ihnen gut gefällt, dann auf das, was Ihnen weniger gefällt. Das Ergebnis könnte lauten: »Was ich an mir mag, ist meine schlanke Figur. Der Oberkörper ist zierlich, aber mit ausgeprägten weiblichen Rundungen. Mein Gesicht ist ebenmäßig, die Haut ist hell und mir gefallen die frechen Sommersprossen. Mein Mund ist charakterstark: eher klein und sehr ausgeprägt. Die Nase hat einen starken Aufwärtsschwung, die Augen sind rund und blaugrün und leuchten vergnügt. Sie sind von dichten Augenbrauen umrahmt. Die Haare sind rötlich braun, mit feinen Silberfäden durchsetzt und in einem fransigen, frechen Kurzhaarschnitt frisiert.

Was ich weniger mag: Die Beine sind verhältnismäßig kurz und die Oberschenkel neigen etwas zu Cellulitis. Die Oberarme

------

zeigen kaum sichtbare, kleine Erschlaffungen. In den Augenwinkeln zeigen sich kleine Fältchen.«

Ihre persönliche Selbstbetrachtung können Sie natürlich viel ausführlicher gestalten. Aber immer daran denken: nichts abwerten mit einem »zu dick«, »viel zu klein«, »hässlich«, »unförmig«, »langweilig« etc.! Wenn Sie fertig sind, haben Sie garantiert einige Stellen an sich entdeckt, die Ihnen sehr gut gefallen.

Ihre Stärken und Schwächen zu kennen – sowohl vom Aussehen her als auch von Ihren Fähigkeiten und Talenten – gibt Ihnen Selbstbewusstsein im eigentlichen Wortsinn: das Bewusstsein von sich selbst. Dieses Bewusstsein können Sie gezielt einsetzen, um weiter zu wachsen.

2. Steigern Sie Ihr Selbstbewusstsein

Alles klar. Jetzt wissen Sie, was Sie gut können und in welchen Bereichen Sie nicht gerade ein Naturtalent sind. Sie haben sich kennengelernt und sind sich jetzt »Ihrer selbst bewusst«. Nun können Sie Ihr Selbstbewusstsein gezielt steigern – die Frage ist nur: Wie macht man das? Indem Sie an Ihren Schwächen so lange arbeiten, bis Sie keine mehr haben?

Nicht ganz. Es stimmt schon, dass Menschen Selbstbewusstsein aus Erfolgserlebnissen schöpfen. Aber zu glauben, Sie könnten alle Ihre Schwächen so gut ausgleichen, dass Sie daraus Ihre größten Erfolge ziehen, ist ein Trugschluss. Schwächen gehören zum Menschen und sie sind nicht so leicht wegzuwischen. Aber das ist auch gar nicht nötig. Es reicht, wenn Sie sich ihrer bewusst sind und sich Aufgaben aussuchen, bei denen es nicht auf Ihre Schwächen, sondern auf Ihre Stärken ankommt. Sich auf seine Stärken zu konzentrieren ist der viel effektivere Weg, an Erfolgserlebnisse heranzukommen. Und damit Ihr Selbstbewusstsein zu stärken.

Fast alles lässt sich durch Üben verbessern – manchmal durch viel Üben. Sie können Sport machen, um abzunehmen, Sie können es üben, vor vielen Menschen zu sprechen, Sie können malen lernen oder sich Selbstorganisationssysteme antrainieren. Nur: Mit demselben Zeit- und Energieaufwand, den Sie brauchen, um von einer Schwäche auf Mittelmaß zu kommen, können Sie eine Stärke zur herausragenden Fähigkeit machen. Dort, wo Sie leicht und schnell dazulernen, ist der Nutzen pro eingesetzter Zeiteinheit höher.

Überlegen Sie sich also: Ist es mir den Aufwand wert, an meinen Schwächen zu arbeiten? Wenn nicht, dann ist Ihre kleine Schwäche offenbar doch nicht so wichtig. Dann lohnt es sich auch nicht, noch weitere Gedanken daran zu verschwenden. Sie können in Zukunft einfach vermeiden, in Situationen zu geraten, in denen Ihre Schwächen allzu deutlich sichtbar werden. Sie brauchen keinen Kuchen zur Familienfeier mitzubringen, wenn Ihr Käsekuchen immer zusammenfällt und neben den fantastischen Tortenkreationen Ihrer Geschwister mager aussieht. Sie brauchen keine Vorträge zu halten, wenn Sie dabei immer wieder den Faden verlieren.

Wenn Sie etwas nicht so gut können, überlassen Sie das besser anderen Menschen, die es gerne und gut tun. Ich selbst mache zum Beispiel Gartenarbeit sehr ungern, und mir gehen auch immer wieder Pflanzen ein. Deswegen überlasse ich das Pflegen und Gießen anderen und übernehme dafür Aufgaben, die mir mehr liegen. Konzentrieren Sie sich also auf Ihre Stärken!

Stärken stärken

Wenn Sie sprachbegabt sind, vergeuden Sie keine Zeit mit dem Versuch, Physik zu verstehen, sondern üben Sie regelmäßig Ihr Französisch und suchen Situationen, in denen Sie es anwenden können. Wenn Sie gut mit Kindern umgehen können, stecken Sie

Ihre Energie da hinein und freuen sich darüber, dass die Nachbarskinder so gerne zu Ihnen kommen. Und so weiter.

Wenn Sie fast nur noch Dinge tun, die Sie gut können, wird Ihnen immer mehr gelingen. Sie werden dabei noch besser, als Sie es ohnehin schon waren. Mit jedem Erfolg wächst Ihr Selbstbewusstsein, und das Selbstbewusstsein hilft Ihnen wieder dabei, die Dinge mit Schwung und Kreativität anzugehen. Das ist ein positiver Kreislauf, den Sie mit einem einfachen Mittel noch verstärken können.

Das Erfolgstagebuch

Hier ein kleiner Tipp, der auf Dauer Großes bewirkt: Führen Sie ein Erfolgstagebuch! Dort ist Platz für alles, was Ihnen heute, morgen und übermorgen so richtig gut gelingt. Sie haben Ihre Gehaltserhöhung durchgesetzt? Glückwunsch, ab damit ins Buch! Sie haben es Ihren Kollegen nicht unter die Nase gerieben, dass der schwierige Kunde jetzt nur noch bei Ihnen kaufen möchte? So viel Zurückhaltung gehört notiert! Ihre Waage hat sich für die Ernährungsumstellung revanchiert und zeigt 3 Kilo weniger an? Na, wenn das kein Grund für einen Eintrag ist! Sie waren den ganzen Tag gut gelaunt – und das völlig grundlos? Chapeau, auf dass es jetzt öfter so ist! Zur Einstimmung für Ihr Tagebuch und zum Ablegen von Hemmungen, hier wirklich nur Positives über sich zu schreiben: Listen Sie zum Einstieg Ihre schönsten Erfolge der Vergangenheit auf! Am besten noch ergänzt mit den positiven Auswirkungen, wie z.B.: »Wurde in der 6. Klasse zum Klassensprecher gewählt. Fühlte mich sehr glücklich, weil ich merkte, wie beliebt ich war.«
Machen Sie es sich zur Gewohnheit, abends vor dem Schlafengehen mindestens drei Dinge in Ihr Büchlein zu schreiben. Nach oben gibt es natürlich keine Grenzen. Diese Routine lohnt sich. Denn ab jetzt werden Ihnen Ihre Erfolgsliste und Ihr Erfolgstagebuch jederzeit zur

Verfügung stehen. Zur positiven Selbstkonditionierung. Zum Verkraften von Misserfolgen. Zur realistischen Selbsteinschätzung Ihrer Stärken und Talente. Und generell für Ihre gute Laune.

Wenn Sie Ihre eigenen Stärken bewusst im Blick behalten, ist das nicht nur gut für Ihr Selbstbewusstsein. Sie setzen Ihre Stärken auch immer mehr ein und werden dadurch immer besser.

3. Seien Sie die beste Ausgabe Ihrer selbst

Wer selbstbewusst ist, strengt sich für die eigenen Ziele an. Das heißt auch: das Beste aus sich selbst herauszuholen. Natürlich nur das Beste, das nach den persönlichen Fähigkeiten möglich ist. Wer gerade angefangen hat zu joggen, kann nicht von sich erwarten, den Marathon in Rekordzeit zu laufen. Die Messlatte sollte uns nicht überfordern. Perfektionismus stresst, uns selbst und andere. Doch der Maßstab sollte immer ein paar Zentimeter aus der Komfortzone herausragen. Warum? Weil dies Antrieb gibt, nicht im Status quo zu verharren, nicht in Bequemlichkeit zu versumpfen. Jeder weiß selbst ziemlich genau, was in ihm steckt, was er noch alles einbringen, noch zusätzlich bewirken könnte. Man kann sich zwar vieles schönreden, doch wer bewusst hinschaut, wird merken, wann und wo er seine eigenen Erwartungen nicht erfüllt.

In der Schulzeit war und ist es bei vielen üblich, nicht mehr zu tun als unbedingt nötig. »Mensch, da hab ich wieder Schwein gehabt!«, heißt es dann, wenn es statt der befürchteten Fünf in Mathe doch noch zu einer Vier gereicht hat. Okay, eine Vier steht für »ausreichend«. Doch für wen ausreichend? Für die Lehrer, für die Eltern – oder für einen selbst? Auch Kinder wissen schon ganz genau, wann mehr möglich gewesen wäre, wo sie zu wenig gelernt, sich nicht genügend angestrengt haben. Für den einen

---

Schüler mag die Vier tatsächlich ein sensationell gutes Ergebnis sein, ein anderer bleibt vielleicht schon bei der Note drei weit unter seinen Fähigkeiten.

Im Erwachsenenleben ist das nicht anders. Da wird beispielsweise jemand überschwänglich für sein ehrenamtliches Engagement gelobt und geehrt. Doch irgendwie kann er das nicht so recht genießen und fühlt sich mulmig dabei. Schließlich weiß er ganz genau, dass noch viel mehr drin gewesen wäre, als nur ein paar Handzettel zu verteilen. Egal, ob beruflich oder privat – wenn sich jemand seiner Potenziale und Fähigkeiten bewusst ist und diese auch engagiert einbringt, profitieren alle Seiten. So bleiben Sie ständig am Ball und sind auf einem guten Weg, Ihr Bestes zu geben. Und zwar Ihr eigenes Bestes, also nicht das, was andere von Ihnen erwarten, sondern das, was Sie selbst bei sich für möglich halten. Geben Sie sich nicht mit weniger zufrieden!

Ein weiterer Vorteil: Wenn Sie sich an Ihren eigenen, bewusst und selbstständig erarbeiteten Maßstäben orientieren, stecken Sie Kritik und Fehlschläge viel besser weg. Keine Bange, dadurch werden Sie sicher nicht »beratungsresistent«. Im Gegenteil: Sie werden angemessene Kritik nun leichter von grundloser Nörgelei unterscheiden können. Denn Sie wissen ganz genau: »Ich habe das Beste getan, was mir möglich war.«

Mein Seminar läuft schon zwei Stunden, erst dann kommt er dazu. Er hat sogar seinen Chauffeur im Schlepptau! »Wie schade, Sie haben einiges vom Input verpasst. Doch ich werde versuchen, Sie noch nachträglich auf den Stand der anderen Teilnehmer zu bringen.« Er winkt großzügig ab. Nein, nein, er ist ja Besitzer einer großen Hotelkette. Dieses Etikette-Seminar belegt er eigentlich nur pro forma. Er möchte nur testen, ob es sein Geld wert ist und er seine Mitarbeiter guten Gewissens zu mir schicken kann. Holla, das sind ja große Worte! Nun ja, verunsichern kann er mich damit nicht.

– – – – – –

»Aha, nur pro forma!«, denke ich, als ich seine Tischmanieren beobachte. Das ist jetzt wirklich eine Herausforderung. Wie mache ich ihn so höflich wie möglich darauf aufmerksam, dass der Teller niemals angehoben wird, um den Weg zum Mund abzukürzen? Auch seine laute Aufforderung zu einem Nachschlag könnte fast den Eindruck erwecken, ich hätte ihn als Demonstrationsobjekt engagiert. »Und so, liebe Teilnehmer, machen wir es natürlich nicht!« Ich finde einen Weg, ihn dezent, aber klar auf die Etikettefehler hinzuweisen. Darum geht es ja schließlich in diesem Seminar.

Die Stunden vergehen wie im Flug, die Gäste sind mit Feuereifer bei der Sache. Um 19.00 Uhr ist Schluss. Meine Teilnehmer sind rundum zufrieden und bedanken sich herzlich. Ich nehme das Lob gerne an und freue mich darüber. Der Hotelier hat sich bisher noch nicht geäußert. Er steht mit seinem Chauffeur im Seminarraum und scheint auf mich zu warten. Ich gehe auf ihn zu und erkundige mich, ob alles zu seiner Zufriedenheit verlaufen ist. »Zufrieden? Nein, das würde ich nicht unterschreiben ... Ihren Stil finde ich, ehrlich gesagt, ziemlich hausbacken.« So, das schien er also unbedingt noch loswerden zu wollen. Mit einem kurzen Nicken verabschiedet er sich und weist seinen Chauffeur an, das Auto vorzufahren.

Ich muss innerlich grinsen. Zu »hausbacken« – da habe ich wohl einen wunden Punkt berührt. Vielleicht hat sich ja schon seine Mutter um bessere Manieren beim Sohnemann bemüht. Wie auch immer, diesen Schuh ziehe ich mir jetzt sicher nicht an.

In meinen Anfangsjahren als Etikette-Trainerin hätte mich diese Kritik sicherlich herb getroffen. Doch inzwischen weiß ich, was ich kann und wie viel Zeit ich investiert habe, um mir das ganze Know-how anzueignen und jedes Seminar individuell für den jeweiligen Kunden vorzubereiten. Natürlich gibt es manchmal Tage, bei denen es nicht ganz rund läuft und ich mit mir nicht hundert-

------

prozentig zufrieden bin. Doch der Seminartag mit dem Hotelier gehörte ganz sicher nicht dazu. Daher war ich froh, auch diesmal alles gut geschafft und mein persönliches Soll erfüllt zu haben. Wenn der Hotelier das nicht schätzen konnte, war es sein Problem, nicht meines.

Selbstverständlich arbeite ich daran, mich noch weiter zu verbessern und zu wachsen. Nicht, weil ich der Meinung bin, nicht gut genug zu sein. Sondern weil es riesig Spaß macht, das Beste aus mir herauszuholen. Dafür besuche ich jedes Jahr viele Seminare, um immer auf dem neuesten Stand zu sein und neue Ideen zu bekommen. Von den Ideen übernehme ich diejenigen, die zu mir und meiner Persönlichkeit passen und für mich erreichbar sind. Wenn ich mich dagegen an Leuten orientieren würde, die ganz anders gestrickt sind als ich, würde nur eine schlechte Kopie dabei herauskommen. Nein, ich bin lieber authentisch und unverwechselbar. Und das werde ich ganz sicher nicht, wenn ich die nächste perfekt gestylte Modelschönheit vom Fließband bin. Oder der nächste aus der Retorte gestampfte Superstar ... Wenn Sie sich schon vergleichen möchten, dann vergleichen Sie sich bitte nur mit sich selbst. Und zwar mit der Person, die Sie nach Ihrer Einschätzung im besten Falle sein könnten. Sie selbst wissen am besten, was alles in Ihnen steckt. Zeigen Sie es und lassen Sie die Welt an Ihrer einzigartigen Persönlichkeit teilhaben.

Ab jetzt gebe ich mir selbst die Anerkennung, die ich mir von anderen wünsche!

Selbstsicherheit baut nahtlos auf Selbstbewusstsein auf. Denn selbstsicher ist nur, wer auch selbstbewusst ist. Ich werde mir klar darüber, wer und wie ich wirklich bin. Damit erlange ich mehr innere Sicherheit sowohl im Umgang mit mir selbst als auch mit anderen. Sobald Sie gründlich an Ihrem Selbstbewusstsein gear-

------

beitet haben, können Sie viel besser einschätzen, wie Sie in unterschiedlichen Situationen reagieren. Gleichzeitig erkennen Sie, wo es noch »Nachholbedarf« gibt und es notwendig ist, Ihr Selbstbewusstsein zu festigen.

Julius ist genervt. Er muss endlich mal mit jemandem reden. Heute Abend geht er mit unserem Freund Olaf ein Bier trinken, da wird sich sicherlich eine Gelegenheit ergeben. »Sag mal, Olaf, du bist doch auch verheiratet«, beginnt er vorsichtig das Gespräch. Olaf grinst. Was jetzt wohl kommt? »Keine Angst, ich will mit dir nicht über Sex reden«, stellt Julius klar. »Es geht darum, dass ich Maria nichts mehr recht machen kann. Ich rauche nicht, ich trinke nicht, ich gehe nicht fremd. Ich bringe regelmäßig das Geld nach Hause und Maria hat ein schönes Leben. Sie gibt Musikunterricht, aber in der Hauptsache kümmert sie sich um den Haushalt und die Kinder. Ist ja auch eine Menge zu tun, da sag ich ja nichts.« »Ja, und wo ist das Problem?«, wundert sich Olaf. »Kommt gleich, wart nur ab. Das Problem kommt fast jeden Abend und jedes Wochenende. Du sagst ja nichts, hat es dir nicht geschmeckt? – Das muss ich mir fast nach jedem Essen anhören. Maria kocht wirklich super. Und früher hab ich ihr das auch oft gesagt. Aber wenn sie es so einfordert, hab ich einfach keine Lust mehr dazu.« Olaf sieht das ziemlich gelassen. »Na, wenn das euer ganzes Problem ist … Lob sie einfach und fertig ist der Lack.« »Nee, Olaf, ganz bestimmt nicht, nicht mehr nach diesem Wochenende! Maria hatte einen Kuchen gebacken. Drei Stunden lang, war wohl ein ziemlich kompliziertes Rezept. Und dann wollte sie, dass ich und die Kinder um Punkt drei in die Küche kommen, den Kuchen bewundern und uns zu ihr an den Kaffeetisch setzen. Aber wir hatten alle drei grad was anderes zu tun. Da war sie so enttäuscht, dass sie sofort den Kuchen genommen und ihn unserem hochnäsigen Nachbarn geschenkt hat. Ich hab die Welt nicht mehr verstanden …« Olaf versteht es

- - - - - -

auch nicht. Die Freunde schweigen ratlos und bestellen sich noch ein Bier.

Auch Maria war genervt. Und total verunsichert. Sie erzählte mir diese Geschichte eine Woche später, nachdem schon tagelang der Haussegen schief gehangen hatte. Julius war in dieser Woche an zwei Abenden sehr spät nach Hause gekommen und hatte schon auswärts gegessen. So etwas war neu in ihrer Ehe. Sie befürchtete sogar, ihr Mann wolle sie verlassen. Ich konnte sie beruhigen. Denn ich kannte Julius lange genug, länger, als Maria ihn kannte. Wenn er sich zurückzog, musste man vor allem eines: ihn in Ruhe lassen.

Ich gab Maria den Rat, genau das zu tun. Und sich in dieser Zeit mal eingehend mit sich selbst zu beschäftigen. Im Laufe unseres langen Gesprächs wurde mir klar, dass Maria ernsthaft Angst um ihre Ehe hatte. Sie beherzigte meinen Rat und tat viel dafür, ihr Selbstbewusstsein zu festigen und sich nicht mehr so abhängig von Julius' Aufmerksamkeit zu machen. Als ihr Mann wieder auf sie zuging, verbiss sie sich jegliche Forderung nach Lob und Anerkennung. Ihr Meisterstück bestand darin, einen Kuchen nur für sich selbst zu backen. Es war ihr egal, dass ihr Mann keine Schokoglasur mochte und die Kinder keine Kirschen. Sie backte sich einfach ihre eigene, traumhafte Donauwelle. Und war selbst begeistert von ihren Backkünsten. Doch kaum saß sie allein und selig mampfend in der Küche, stürmten Mann und Kinder herein. »Und du wirst es nicht glauben«, erzählte sie mir hinterher lachend, »der Kuchen war ruckzuck weggefuttert und wurde von allen in den höchsten Tönen gelobt!«

Auf dem erfolgreichen Weg vom Selbstbewusstsein zur Selbstsicherheit passiert etwas Spannendes: Der Fokus verschiebt sich. Man lernt, sich selbst die Anerkennung zu geben, die man sich vorher immer im Außen gesucht hat. Das heißt natürlich nicht, dass Sie sich nun nicht mehr für die anderen interessieren. Das

Gegenteil ist der Fall: Die Kapazitäten, die Sie vielleicht früher brauchten, um sich bei Kritik oder Nichtbeachtung auszubalancieren, werden jetzt frei. Sie können sie dafür verwenden, statt auf Ihre eigenen Fehler oder Erfolge darauf zu schauen, wie es anderen Menschen geht. Und diese neue, relaxte Ausstrahlung wirkt wesentlich anziehender als Bedürftigkeit, Anspruchsdenken und subtile Forderungen. Sie brauchen niemanden mehr, der sich um Sie kümmert. Das tun Sie selbst – und haben noch Platz übrig für Ihr Gegenüber.

Wenn Sie sich trotz Gegenwind nicht mehr von Ihren Vorhaben abhalten lassen, haben Sie es geschafft: Der Schritt vom Selbstbewusstsein zur Selbstsicherheit ist vollzogen.

4. Souverän – in jeder Lage

Souveränität heißt: über den Dingen stehen. Sich von chaotischen Situationen, hohen Anforderungen, Widerspruch und Kritik nicht aus dem Konzept bringen lassen, sondern in aller Ruhe und mit Selbstsicherheit das Beste geben, zu dem Sie in der Lage sind.

Das ist nicht so einfach. Immer wieder kommt man im Alltag in Situationen, für die man sich mehr Souveränität wünscht: Wenn man sich wieder extrem über den Chef oder die Chefin geärgert hat. Wenn es gilt, sich gegenüber dem Partner oder den Kindern durchzusetzen. Wenn ein Vortrag vor großem Fachpublikum gehalten werden soll. In einem Bewerbungsgespräch.

Souveränität ist nicht angeboren wie eine hübsche Nase oder lange Beine. Die Fähigkeit zur Souveränität erarbeiten wir uns – mal mehr, mal weniger – erst im Laufe unseres Lebens. Weniger, wenn wir uns resigniert damit abfinden, dass wir uns bestimmten Situationen nicht gewachsen fühlen und dann lieber den Rückzug antreten. Mehr, wenn wir uns nicht damit abfinden und nach Wegen suchen, etwas zu ändern.

Ich bin der Meinung, »sich einfach damit abfinden« ist immer die schlechtere Alternative! Diese Spirale führt fast immer nach unten. Über einmalige Situationen, die im Leben nie wiederkommen, braucht man sich natürlich nicht lange zu ärgern. Wen kümmert es zwanzig Jahre später noch, wenn er in der Jugend vor irgendeinem prominenten Gast kein einziges Wort herausgebracht hat? Wer jedoch schon in der Schulzeit Angst vor jeder Klassenfahrt hatte und in Gruppensituationen unter starker Unsicherheit litt, wird meistens auch im späteren Leben mit diesem Problem konfrontiert. Das zieht sich weiter von der Lehr- oder Studienzeit übers Berufsleben bis in den Freizeitbereich und die Partnerschaft. Im Laufe der Zeit findet zwar jeder eigene Mechanismen, um die Unsicherheiten so gut wie möglich auszubalancieren oder zu verdrängen. Aber in Stresssituationen oder unter plötzlich veränderten Lebensumständen kommt die mangelnde Souveränität wieder zum Vorschein. Doch warum bis zum worst case warten? »Vorbeugen ist besser als heilen«, heißt es schon in der Medizin.

Souveränität lässt sich trainieren. Sie ergibt sich aus der Kombination zunehmender Selbstwahrnehmung und wachsender Selbstsicherheit. Doch wie bei jedem anderen Training reicht es natürlich nicht, sich nur theoretisch zu schulen und z. B. ein Tennismatch oder einen Boxkampf nach dem anderen nur passiv im Fernsehen anzuschauen. Wer vorwärtskommen will, muss schon selbst auf den Tennisplatz gehen oder in den Ring steigen.

Situationen verändern, um Neues zu lernen

»Du wirst nur neues Land entdecken, wenn du das Ufer aus dem Auge lässt« – dieser Spruch bringt es auf den Punkt. Alltagssituationen aus einer neuen Perspektive anzugehen kann sehr spannend sein. Dabei entdecke ich völlig neue Seiten an mir. Einzige Voraussetzung: raus aus der vertrauten Komfortzone der immer gleichen

Gewohnheiten und Abläufe. Dazu braucht es Mut und Selbstüberwindung. Als Preis winken ein erweitertes Selbstbewusstsein und mehr Souveränität. Und vielleicht noch viel, viel mehr.

Angenommen, ein etwas schüchterner Mann ist Single und würde diesen Zustand gerne verändern. Er hat sich angewöhnt, niemals allein wegzugehen. Meistens ist er im Schlepptau seines wortgewandten, gut aussehenden Freundes. Das macht zwar viel Spaß, der Freund ist supernett, aber die Folge ist, dass er dabei keine Frauen kennenlernt, die sich auch für ihn interessieren. Wie kann er diese Situation verändern? Indem er beginnt, hin und wieder allein auszugehen und dabei ganz andere Lokale und Orte aufsucht als bisher. Hier wird er auch völlig andere Erfahrungen machen. Dabei darf er natürlich nicht schüchtern in der Ecke sitzen bleiben. Wenn er den Mut aufbringt, offen und freundlich auf andere Personen zuzugehen, wird er nicht nur eine Menge Leute kennenlernen, sondern auch jedes Mal ein Stückchen Souveränität gewinnen. Er lernt sich selbst besser kennen, erfährt, welche seiner Eigenschaften besonders gut ankommen oder an welchen er noch ein bisschen feilen sollte. Und er kann sich sicher sein, dass die Aufmerksamkeit der Frauen jetzt wirklich nur ihm gilt. Mit der Zeit wird er sich bei den gemeinsamen Unternehmungen mit seinem Freund nicht mehr als Anhängsel fühlen. Seine eigene Persönlichkeit kommt jetzt viel mehr zum Vorschein und diese Erfahrung wird sich in allen Lebensbereichen positiv auswirken.

Neuland betreten – das sieht für jeden anders aus. Für den einen kann es bedeuten, zum ersten Mal ganz allein in den Urlaub zu fahren. Für den anderen ist die erste Reise in einer großen Clique eine genauso große Herausforderung. Der eine macht endlich den Führerschein, der andere wagt vielleicht gerade das Experiment eines autofreien Lebens. Von ganz banalen Dingen wie einer neuen Frisur oder einem anderen Kleidungsstil über das Erlernen einer neuen Sportart bis zu Umzugsplänen – wer sich selbst ausprobiert, gewinnt an Erfahrung, Souveränität und Lebensfreude. Zudem bleibt

– – – – – –

er flexibler und gelassener bei den vielen anderen unvermeidlichen Veränderungen des Lebens.

Mehr Respekt vor sich selbst und anderen

Manche Menschen glauben von sich, sehr souverän zu sein, und verwechseln dies mit Arroganz. Mag der Grat dazwischen auch manchmal schmal sein, der Unterschied liegt vor allem in einem: im Respekt vor sich selbst und vor anderen. Wer sich selbst nicht respektiert, ist kaum in der Lage, dem anderen aufrichtigen Respekt entgegenzubringen. Damit beginnt oft ein Teufelskreis.

Lange Zeit schien es wunderbar zu funktionieren. Wochentags lebte sie bei ihrem Freund, genoss den gemeinsamen Alltag, das Frühstück zu zweit, die gemütlichen Fernsehabende. Am Wochenende zog sie sich in ihre eigene Wohnung zurück. Sie brauchte dann wieder etwas Zeit für sich – sagte sie. Das war die Version, die sie sich für ihren Freund zurechtgelegt hatte. Mir gestand sie, dass dies nur ein Vorwand war. Um den anderen treffen zu können. Ich staunte immer wieder, wie sie ihr Doppelleben mit sich selbst vereinbaren konnte. Doch es schien zu klappen – über Wochen und Monate. Insgesamt zwei Jahre. Ihr Freund bekam während der ganzen Zeit nichts von den regelmäßigen Treffen mit ihrem Liebhaber mit.

Plötzlich hörte Annette ihre biologische Uhr ticken. Mit dem Liebhaber war nicht zu rechnen. Er wollte sich nicht binden, die gemeinsamen Wochenenden reichten ihm völlig aus. Ihm wäre es am liebsten gewesen, alles wie bisher zu belassen. Ihr Freund hingegen drängte schon länger auf Heirat, Kinder, Häuschenbau. Sie erzählte mir ihr Dilemma. Lange Zeit hatte ich mich völlig rausgehalten, doch jetzt stellte ich die unvermeidliche Frage:

»Was ist es denn, was du willst? Was würdest du dir wünschen, egal, ob es geht oder nicht?« Sie gestand mir, dass sie am liebsten mit ihrem Liebhaber zusammen sein wolle. Und sich sehnlich wünsche, mit ihm eine richtige Partnerschaft zu führen, um baldmöglichst Kinder mit ihm zu haben. Bei ihrem Freund bleibe sie eigentlich nur aus Gewohnheit. Meinen Rat, sich mal ein Weilchen von beiden Männern zu distanzieren, um auf ihr Herz zu hören und zu einer für sie passenden Entscheidung zu finden, fand sie gar nicht gut.

Drei Monate herrschte Funkstille. Dann flatterte mir ein Brief ins Haus: »Wir heiraten. Du bist herzlich eingeladen.« Na ja, immerhin hat sie eine Entscheidung getroffen, dachte ich und ging – wenn auch mit einem mulmigen Gefühl – zur Hochzeitsfeier. Ihr ehemaliger Freund und jetziger Mann schwebte auf Wolke sieben. Natürlich wusste er nach wie vor nichts von dem früheren Liebhaber. Auch sie lächelte und strahlte den ganzen Tag, doch in unbeobachteten Momenten wirkte sie extrem angespannt. Ich sah, wie sie mehrmals kurz aus dem Saal ging und im Nebenraum heimlich mit dem Handy telefonierte. Da war mir alles klar. Das Doppelspiel war noch nicht beendet!

Meine Bekannte ist kein Mensch, der anderen absichtlich übel mitspielt. Sie ist meist sehr kooperativ und angepasst und geht grundsätzlich den Weg des geringsten Widerstandes. Die wichtigsten Entscheidungen für ihr Leben hat sie selten selbst getroffen, sondern lieber anderen überlassen. Unter der Oberfläche brodelt es dann oft in ihr, weil sie sich zu wenig beachtet und respektiert fühlt. Dass die Abende mit ihrem Freund so gleichförmig verliefen, langweilte sie. Sie brachte dieses Thema jedoch nie offen zur Sprache, sondern legte sich stattdessen einen heimlichen Liebhaber zu. Jetzt wurde die Situation aber noch verzwickter. Sie entwickelte tiefere Gefühle für den Liebhaber, die dieser aber nicht auf gleicher Ebene erwiderte. Ihr Problem hatte sich poten-

------

ziert, jetzt hätte sie schon mit zwei Männern Tacheles reden müssen, um Ordnung in ihr Leben zu bringen. Ihren Herzenswunsch, nur einen Mann zu heiraten, den sie aufrichtig liebte, ignorierte sie. Dabei respektierte sie weder ihre eigenen Gefühle noch die ihres jetzigen Mannes. Seit einiger Zeit hat sie nun statt des Liebhabers eine Tochter. Und lenkt sich nun mit ihr von den mangelnden Gefühlen für ihren Mann ab. Das Ende ist vorprogrammiert …

Viele Menschen machen sich selbst etwas vor und belügen sich lieber selbst, als genauer hinzuschauen und ihre wirklichen Motive und Wünsche in Augenschein zu nehmen. Sehr schade, denn das Resultat sind unnötige Probleme, vergeudete Lebenszeit und fehlende Lebensfreude. Und dann kommen vielleicht noch die Schuldgefühle hinzu: Schuldgefühle, weil ich meinem Partner keine wahren Gefühle entgegenbringen konnte. Oder Schuldgefühle, weil ich wegen mangelnder Leistung den Auftraggeber verloren habe und nun ohne Einkünfte dastehe. Statt dass ich mir rechtzeitig eingestanden hätte, dass mir der Job nicht entspricht und schon lange nicht mehr gefällt. Vielleicht habe ich auch meine berechtigten Bedürfnisse und Bedenken ignoriert, als ich einem Familienumzug zustimmte, den ich gar nicht wirklich wollte. Und nun muss ich mich mit einem Umfeld arrangieren, in dem ich mit meinen Kindern niemals leben wollte.

Doch solche Probleme müssen nicht sein. Sie lassen sich lösen. Am besten natürlich rechtzeitig im Vorfeld. Das geht relativ einfach und so gut wie in jeder Situation. Hilfsmittel: Respekt vor sich selbst und vor den anderen.

Nehmen wir das Beispiel mit dem Umzug. Ihr Partner möchte gerne umziehen, es würde für ihn einen großen Karrieresprung bedeuten. Verständlich, dass er für diese Veränderung votiert. Doch auch Ihre Meinung, Ihre Bedürfnisse sind wichtig und gehören respektiert. Verschaffen Sie sich auf einem großen Blatt Papier einen Überblick, welche Folgen diese Veränderung aus Ihrer Sicht nach sich ziehen wird. Eventuell fallen Ihnen ja

------

mehrere mögliche Szenarien ein – solche, mit denen Sie sich halbwegs arrangieren könnten, und andere, die überhaupt nicht infrage kommen. Machen Sie Schritt für Schritt sichtbar, wie eines zum andern kommt – Hausverkauf, alte Eltern verlassen, Schulwechsel der Kinder, Freunde nicht mehr regelmäßig sehen, mit einer anderen Mentalität zurechtkommen müssen, neuen Bekanntenkreis aufbauen, neuen Job für Sie finden, die schöne Umgebung verlassen etc. In der gemeinsamen Diskussion mit dem Partner und gegebenenfalls auch den Kindern stellt sich dann vielleicht heraus, dass manches weniger schlimm wäre als von Ihnen befürchtet. Und dass es gangbare Kompromisse gibt. Oder aber, dass Sie den Umzug auf keinen Fall ertragen können. Dann ist Ihr Partner an der Reihe, sich zu fragen, was ihm die Rücksicht auf Sie wert ist.

Hauptsache: ehrlich

Wenn Sie vor Entscheidungen stehen, die sowohl Sie als auch andere betreffen, dann hilft es niemandem, wenn Sie Ihre eigenen Wünsche verstecken. Souverän ist es, sowohl die eigenen Bedürfnisse als auch die der anderen zu betrachten. Das machen Sie in folgenden Schritten:

1. Nehmen Sie Ihre eigenen Bedürfnisse ernst.
2. Verschaffen Sie sich auf einem Blatt Papier einen Überblick, welche Vor- und Nachteile die verschiedenen Lösungsmöglichkeiten für Sie haben.
3. Sprechen Sie mit allen beteiligten Personen darüber, was für Folgen der Entscheidung sie sehen und wie sie jede einzelne Folgeerscheinung bewerten.
4. Finden Sie gemeinsam eine Lösung, mit der alle leben können.

Die Hauptsache ist, dass dabei alle offen sind. So wird eine Entscheidung möglich, mit der Sie alle gut leben und sich wohlfühlen können. Indem Sie sich selbst respektiert haben, haben Sie auch gleichzeitig alle anderen Beteiligten gesehen und respektiert. Sie haben die Dinge nicht nur aus Ihrer Sicht, sondern im Ganzen und von oben betrachtet – ein Paradebeispiel für Souveränität!

Das schenk ich mir

- *Ich forsche gründlich nach, wo meine Schwächen und wo meine Stärken liegen.*
- *Für Aufgaben, die ich nicht so gut kann, suche ich mir jemanden, der die Arbeit besser und mit Freude erledigt.*
- *Meine Erfolge notiere ich mir im Erfolgstagebuch. So gewöhne ich mir an, mich auf meine Stärken zu konzentrieren. Das gibt mir Sicherheit.*
- *Ich setze mir meine eigenen Maßstäbe. Und versuche, immer das Beste zu geben, zu dem ich in der Lage bin.*
- *Ich probiere regelmäßig neue Dinge aus. Das erweitert meinen Horizont, macht viel Spaß und belohnt mich mit mehr Selbstsicherheit und Gelassenheit.*
- *Ich treffe größere Entscheidungen erst nach der Überlegung: Wie könnte es mir und den daran beteiligten Personen nicht nur jetzt, sondern auch zukünftig damit gehen? Und dann entscheide ich mich für die Version, die mir am stimmigsten erscheint.*
- *Ich verlasse mich auf mein eigenes Urteil und bin nicht mehr abhängig von der Meinung anderer Menschen.*

6

Verdiene dir den Neid der anderen

Das letzte Stück der Thurgauer Apfeltorte liegt einladend auf der Kuchenplatte. Da wird es auch bleiben. In der Schweiz hält man sich zurück. Auch im Gespräch ist diese Zurückhaltung zu spüren. Die Gäste meiner Nachbarin erzählen von ihren Kindern, vom kommenden Kulturfest und von der Initiative zur Renaturierung des Kanals. Nur nichts von sich selbst. Also lasse ich meine Fantasie spielen und überlege mir, was jede von ihnen morgen früh um neun machen wird. »Wie gefällt Ihnen das Leben am See?« Die Frage reißt mich aus meinen Gedanken. Endlich kann ich auch mal was zum Gespräch beisteuern! Ich erzähle davon, wie sehr mein Mann und ich das Haus am See und die herrliche Landschaft genießen. Wie toll es ist, abends auf der Terrasse zu sitzen mit dem Bergpanorama im Hintergrund.
»Wenn Ihnen die Alpen so gut gefallen, sind Sie sicher auch begeisterte Skifahrerin, oder?«, fragt eine der Frauen. »Ehrlich gesagt bin ich kein Winterfan, ich bin richtig sonnenhungrig, und mein Mann auch. Deswegen fliehen wir in den kalten Monaten irgendwohin, wo es warm ist«, erzähle ich. Ungläubiges Erstaunen: »Wie, jeden Winter?« Ich bejahe: »Das ist unser Weihnachtsgeschenk an uns selbst.« Und merke sofort, dass das die anderen nicht gerade fröhlich stimmt. Meine Nachbarin schaut,

---

147

als ob sie in eine Zitrone gebissen hätte. Dann wechselt sie hastig das Thema.

Versteckspiel

In diese Runde wurde ich nie wieder eingeladen. Denn ich hatte ein Tabu gebrochen: Über seine Erfolge spricht man nicht. Auch nicht darüber, was man hat. Hier in der Schweiz gehört es noch mehr als anderswo zum guten Ton, sich bescheiden zu geben, ja nicht mit seinem Besitz zu prahlen. Und auch andere nicht zu fragen, was sie haben und wie sie leben. Das wäre aufdringlich. Hinter dieser Zurückhaltung steckt die Besorgnis: Sobald alle wissen, wer wie viel hat, wird verglichen. Dann artet das Gespräch zum Wettbewerb aus: Wer hat mehr, ich oder du? Wer hat mehr Status, mehr Geld, wer kann sich das tollere Auto oder den exotischeren Urlaubsort leisten? Ein solcher Wettbewerb lässt Gewinner und Verlierer zurück, erzeugt Neid und Missgunst. Deswegen sind diese Gesprächsthemen absolut tabu.

Es ist schwierig, einfach neutral über Besitz und Erfolg zu sprechen. Wer freimütig erzählt, was er erreicht hat, gilt schnell als überheblich und arrogant. Dabei finde ich: Genau das Gegenteil ist der Fall. Arroganz bedeutet ja, sich für etwas Besseres zu halten und sich nicht für die anderen zu interessieren. Wenn ich im Gespräch offen von mir erzähle und die anderen frage, was sie beruflich tun, was sie interessiert, wofür sie sich begeistern, wie sie leben, dann tue ich das, weil ich sie kennenlernen will. Nicht, um mich mit ihnen zu vergleichen.

In Amerika ist dieses Herumdrucksen und Bescheidentun überhaupt nicht üblich. Dort darf jeder offen zeigen, was er hat. Und die anderen freuen sich in den meisten Fällen einfach mit. Das finde ich viel angenehmer. Irgendwann habe ich mich gefragt: Warum ist das nicht auch hier möglich? Warum soll ich eigentlich

------

lügen und mich verstecken? Dazu habe ich überhaupt keine Lust. Und auch keinen Grund. Deswegen lasse ich mich nicht mehr beeindrucken von ärgerlichen, neidischen, missgünstigen Blicken. Ich erzähle freimütig von mir selbst. Wenn andere Leute das nicht verkraften können, ist es ihr Problem, nicht meines.

So souverän war ich allerdings nicht immer. Früher habe auch ich mich an die ungeschriebene Regel gehalten: Nur nichts sagen oder tun, was Neid wecken könnte.

Als ich von Zypern heimkehre, scheint die ganze Welt um mich herum zu klingen und zu schwingen. Kein Wunder, ich habe meinen Traummann kennengelernt! Ich bin Anfang dreißig, britzelbraun gebrannt, gertenschlank wie schon lange nicht mehr und platze vor Glück. Ich habe noch zwei Tage Zeit und will heute meine ehemaligen Kollegen besuchen. Zugegeben, das Berliner Herbstwetter könnte schöner sein. Aber mich kann derzeit gar nichts stören. Voller Schwung öffne ich die Tür zum Kosmetiksalon und freue mich auf die bekannten Gesichter. Die Freude ist jedoch ziemlich einseitig, die Begrüßung läuft etwas verhalten ab. Okay, vielleicht ist meine Superlaune mitten im tristen Herbstgrau wirklich etwas zu provokativ … Plötzlich höre ich einen spitzen Schrei: »Tschääääniii!« Mario, mein schwuler Lieblingskollege, fliegt mir um den Hals. Sofort beginnt er mich auszufragen: Woher diese unverschämte Bräune kommt, wie mein Hotel war, wie ich es geschafft habe, so toll abzunehmen, was ich derzeit arbeite. Ich komme kaum zum Antworten. Aber seine Fragen sind so wohltuend. Jede einzelne zeigt, dass er Anteil an meinem Leben nimmt, sich aufrichtig mit mir freut. Aus den Augenwinkeln beobachte ich zwei Kundinnen, deren Mienen immer pikierter werden. Oh je, bloß nicht noch mehr Unmut erregen! Mario macht mir Komplimente über mein Kleid. Am liebsten würde ich sagen: »Danke, ich finde es auch toll!« Und von dem Laden schwärmen, in dem ich es gekauft habe. Aber dann wür-

------

den« die Augenbrauen der beiden Damen sicher noch mehr in die Höhe wandern. Also wiegle ich ab: »Das habe ich gebraucht gekauft, es war total günstig.« Als ich den Salon verlasse, ist meine euphorische Stimmung ziemlich abgeflaut. Doch nur für ein paar Meter, dann fängt das Pflaster unter mir wieder zu schwingen an …

Nicht nur in der Schweiz verstecken viele Menschen ihren Erfolg. Gesundheit, eine glückliche Beziehung, finanzielle Sicherheit, der Traumjob, ein rundum erfülltes Leben – alles Dinge, die sich jeder von Herzen wünscht. Aber wer das Glück hat, sie zu haben, wagt es nicht, sie ungeniert zu zeigen. Lieber weiter Versteck spielen und alles kleinreden. Ja keinen Neid erzeugen!

Das fängt mit so schlichten Dingen wie Komplimente abzuwimmeln an: »Du siehst heute aber hübsch aus! Tolle Bluse, sieht sehr edel aus.« »Ach die … die ist doch ganz alt, hab ich schon seit Jahren.« Manchmal wird nicht nur das Kompliment ignoriert, sondern gleich noch mit einer unnötigen Rechtfertigung zerredet: »Das Auto passt hervorragend zu Ihnen. Ein flotter Schlitten für einen flotten Mann!« »Also der ist wirklich sehr sparsam, auch wenn er nicht so aussieht. Braucht nur acht Liter. Sonst hätte ich ihn natürlich nie gekauft.« Wer so reagiert, nimmt sich selbst die Freude an einem Kompliment und damit auch dem, der es gemacht hat.

Komplimente zum Aussehen und zur Kleidung kleinzureden ist aber nur der Anfang. Das sind ja nur Äußerlichkeiten. Viel schlimmer ist es, wenn auch der Kern der Persönlichkeit unter einer dicken Schicht aus Bescheidenheit versteckt wird. Wenn Fähigkeiten und Erfolge kleingeredet und vertuscht werden.

»Toll, mit welcher Disziplin du bei jedem Wetter joggen gehst!« – »Na ja, ich muss ja, ich bin ja viel zu dick.«

»Was für ein lebenssprühendes Bild, hast du das selbst gemalt?« – »Ach, da habe ich nur mit den Farben herumgespielt.«

»Dass du dich so traust, auf wildfremde Menschen zuzugehen, das bewundere ich echt!« – »Ich bin eben eine alte Quasseltante.«

So werden die eigenen Leistungen kleingeredet. Und nicht nur kleingeredet, sondern versteckt. Da hat jemand eine klangvolle Stimme und singt nur unter der Dusche, wenn es niemand hört. Da hat jemand das Talent für witzige, überzeugende Auftritte und nutzt es alle Jubeljahre mal für eine Geburtstagsrede. Da kann jemand richtig gut organisieren und beschränkt sich darauf, die Freizeittermine der Kinder zu koordinieren. Da schreibt jemand abends Kurzgeschichten und legt sie in die Schublade, ohne sie jemals einem anderen Menschen zu zeigen. Warum nur? Ist das Schüchternheit? Die Angst, doch nicht so gut zu sein? Die Sorge, dass die Freunde, denen man seine Geschichten oder seine Idee für eine Veranstaltung zeigt, sagen: »Nimm's mir nicht übel, aber das ist Mist«? Sicher spielt dieser Gedanke auch eine Rolle. Aber neben der Angst vor Kritik gibt es noch eine größere, viel fatalere: die Angst vor Erfolg. Die Angst, dass die Freunde sagen: »Das ist toll«, und dann neidisch werden.

Das Problem dabei: Wer seine Talente und Fähigkeiten bescheiden verbirgt, hält sich selber klein. Kleiner, als er wirklich ist. Er verzichtet auf einen großen Teil Selbstrespekt und Anerkennung von außen. Wer nicht von seinen Erfolgen erzählt, kann sich auch selbst nicht so richtig darüber freuen. Und nimmt sich dadurch die Motivation, an weiteren Erfolgen zu arbeiten. Indem Talente und Fähigkeiten gar nicht richtig genutzt werden, können sie sich auch nicht weiterentwickeln, können nicht aufblühen. Im Gegenteil: Sie verkümmern. Wenn eine Kerze unter einen Topf gestellt wird, erlischt sie. Wie schade, wenn dasselbe mit Talenten passiert!

Richtig bedenklich wird es, wenn uns der offensichtliche Neid anderer dazu veranlasst, unsere schönsten Pläne aufzugeben. Ein unfreundliches »Du denkst wohl, du bist was Besseres«, und ruck-zuck fällt alles in sich zusammen. Die alten Muster übernehmen wieder das Kommando, die frisch gesetzten Ziele lösen sich in Luft auf, die fleißigsten Bemühungen waren für die Katz.

Ein Bekannter wollte sich in einem angesehenen Institut zum Verkaufstrainer weiterbilden lassen. Er war sehr begabt, und die Ausbildung hätte ihn beruflich weit vorangebracht. Doch seine Frau scheute die Mehrausgaben und ärgerte sich, dass er sie so oft alleine ließ. Das war jedenfalls ihre Begründung für ihren Widerstand. Ich habe den Verdacht, dass noch ein ganz anderes Motiv eine Rolle spielte: der Neid. Wenn der Mann die Ausbildung zum Trainer schaffte, würde er selbstbewusster auftreten, beruflich vorankommen, einen Status einnehmen, den sie für sich selbst glaubte, nicht erreichen zu können. Wie ich darauf komme, dass es daran lag? Weil sie immer wieder zu ihm sagte: »Du amüsierst dich jedes Wochenende auf deiner Fortbildung und ich hocke zu Hause mit den Kindern rum.« Darin zeigt sich deutlich die Sorge, dass sie selbst nicht weiterkommt. Auf Dauer hielt der Mann diesen Widerstand nicht aus. Er ordnete sich brav unter und verzichtete auf die Ausbildung. Das Familieneinkommen blieb weiterhin knapp am Existenzminimum und der Streit um Geldthemen an der Tagesordnung. Nichts hat sich verbessert.

Warum ist man eigentlich so rasch bereit, die eigenen Lebenspläne aufzugeben, wenn der neidische Gegenwind weht? Es liegt wohl daran, dass wir uns mit genau der gleichen Emotion verunsichern lassen, die auch den Neider motiviert: der Angst. Genauer: der Angst vor Einsamkeit.

Wer erfolgreicher ist als die anderen, ist vor allem eines: anders. Wer als Einziger der Realschulklasse das Abitur nachholt und dann studiert, spürt bei Klassentreffen, dass die früheren Kumpel nicht mehr wissen, wie sie mit ihm reden sollen. Bald sitzt er alleine in einer Ecke. Wer seinen Job kündigt und sich selbstständig macht, verliert den Kontakt zu den früheren Kollegen. Wer an sich arbeitet, um seine Schüchternheit zu überwinden, der hört vielleicht den Kommentar: »Mit dir gehe ich nicht mehr aus –

------

immer quatschst du die Männer an, die ich interessant finde!« Wer aus der Masse herausragt, wer die Dinge nicht so tut wie alle anderen, gehört nicht mehr so ganz dazu. Die eigenen Talente zu fördern und eigene Ziele zu verfolgen kann dazu führen, dass Sie alte Kontakte verlieren.

Es kann dazu führen, aber es muss nicht. Genauso kann es passieren, dass Ihre Freunde Sie bewundern, stolz auf Sie sind und jetzt noch viel lieber Zeit mit Ihnen zusammen verbringen. Es kann auch dazu führen, dass Sie interessante neue Bekanntschaften schließen. Vom Verstand her ist das klar und einleuchtend. Aber unbewusst hat jeder Mensch trotzdem Angst vor Verlust und Einsamkeit. Ein kleiner Teil tief im Inneren denkt: Wie stehe ich denn da, wenn ich plötzlich nicht mehr gemocht werde, nicht mehr dazugehöre? Haben die anderen vielleicht recht mit ihren Bedenken? Bin ich vielleicht wirklich zu anspruchsvoll und sollte mich ein bisschen mehr in Bescheidenheit üben? Lohnt es sich wirklich, mich auf die Auseinandersetzungen einzulassen? Warum mich ins Ungewisse begeben, wenn ich doch gar nicht sicher sein kann, was mich dort erwartet? So schießen die wildesten Befürchtungen durch den Kopf und die Wünsche und Träume werden schließlich beiseitegelegt. Oder sie werden weiterverfolgt, aber immer mit einem leicht schlechten Gewissen und dem nagenden Verdacht, dass es vielleicht egoistisch und angeberisch ist, dem eigenen Kopf zu folgen.

So nicht!

Kann man mit Neid auch anders umgehen? Gibt es noch einen anderen Weg, als sich entweder unnötig klein zu machen und unterwürfig anzubiedern oder »sein Ding« nur mit einem permanent schlechten Gefühl durchzuziehen? Ja, den gibt es! Gehen Sie die folgenden drei Schritte mit mir:

------

1. Sehen Sie den Neid als Kompliment.
2. Entlarven Sie verborgenen Neid.
3. Lernen Sie, dem Druck standzuhalten.

1. Sehen Sie den Neid als Kompliment

Neid fühlt sich nicht gut an. Weder für den, der ihn verspürt, noch für den, der ihn zu spüren kriegt. Neid äußert sich in abschätzigen Blicken und spitzen Kommentaren. Darin, dass hinter dem Rücken getuschelt wird. Wer zeigt, was er kann und hat, wird schnell für überheblich gehalten. »Der hält sich wohl für was Besseres«, heißt es. Schnell schlägt der Neid in Feindseligkeit um.

Neidattacken können unter die Gürtellinie gehen: »Also sorry, aber das Kleid ist viel zu eng. Das kannst du nicht kaufen, das sieht wirklich billig aus«, »Na, wo hast du denn diesmal abgeschrieben? Das ist doch sicher nicht alles auf deinem Mist gewachsen«, »Können Sie nicht lesen? Hier ist Parken verboten! Aber mit Ihrer Protzkarre glauben Sie wohl, Sie dürfen alles«, »Benehmt euch doch bitte nicht wie die Teenager. In eurem Alter sollte man sich schon etwas dezenter verhalten, auch wenn ihr frisch verliebt seid«.

Puh, jetzt erst einmal tief durchatmen. Und dann für sich übersetzen: Was hat mir der andere damit von sich offenbart? Was würde er eigentlich wirklich sagen, wenn er nur ehrlich genug zu sich wäre? Hinter den besonders aggressiven Bemerkungen versteckt sich meistens eine uneingestandene Bewunderung, ein »Das hätte ich auch gern«. In gewisser Weise funktionieren wir dabei nur als Spiegel, die wütende Botschaft gilt mehr dem Neider selbst als seinem Gegenüber. Dahinter steht: »Ich glaube nicht, dass ich diese Figur, eine Veröffentlichung, dieses Auto, eine so intensive Beziehung bekommen kann. Wieso schafft der/die das? Geht das mit rechten Dingen zu?« Wenn es nichts für sich selbst zu wün-

------

schen gibt, gibt es auch nichts zu beneiden. Wer mit sich und seinem Los zufrieden ist, kann den anderen ihr Glück und ihren Erfolg gönnen.

Es steht uns frei, jederzeit die Brille zu wechseln und hinter die Gründe für den Neid zu schauen. Das macht ihn zwar nicht besser, aber doch leichter erträglich. Und es nimmt die Schärfe aus unseren Erwiderungen und hilft damit, die Situation nicht unnötig eskalieren zu lassen. Ich will hier niemanden für sein unhöfliches Verhalten in Schutz nehmen, es geht nur darum, deutlich zu machen, warum Sie nicht zu sehr erschrecken sollten. Sondern sich stattdessen besser mit einem Lächeln sagen können: Tja, anscheinend habe ich vieles richtig gemacht! Den Neid habe ich mir wirklich verdient!

Denn der Neider sieht oft nur die Hälfte des Bildes.

Puerto Portals. Wie sehr habe ich mich darauf gefreut, endlich wieder ein paar Tapas auf der Terrasse vom Flanigan zu genießen. Die Sonne scheint, der Himmel ist blau und wir haben einen tollen Platz ergattert. Vor uns liegt der traumhafte Hafen mit seinen weißen Luxusjachten. Ich bin wunschlos glücklich. »Schau mal, dort drüben«, macht mein Mann mich aufmerksam und deutet auf eine der größten Jachten, die ich je gesehen habe. Auf dem Deck steht eine festlich gedeckte Tafel. Aber nur für eine einzige Person. Die nimmt dort gerade Platz. Es ist ein älterer, gut aussehender Herr. Ein Kellner vom Flanigan eilt mit einem Silbertablett über den Steg und händigt es einem livrierten Butler aus, der ab jetzt die Bedienung übernimmt. So geht das noch vier Mal, bis alle Gänge serviert sind. Der Butler ist ständig im Einsatz. Er legt vor, serviert den Champagner, räumt ab und legt wieder vor. Die Gäste um uns herum haben die Jacht inzwischen ebenfalls entdeckt. Die Abendsonne strahlt sie jetzt auch noch von hinten an, es sieht aus wie in einem Hollywoodfilm. Dementsprechend sind auch die Kommentare. Sie reichen von:

»Traumhaft, so würde mir das Leben auch gefallen!«, über: »Mein Gott, ob das echt ist? Wo ist denn das Kamerateam versteckt?«, bis zu: »Irgendwie dekadent, sich direkt vor dem Lokal ganz allein bedienen zu lassen!« Inzwischen schauen alle in die Richtung des alten Mannes. Mein zweiter Eindruck: gut aussehend und blendend gekleidet, ja. Aber die Schultern hängen müde herunter. Restlos glücklich sieht er nicht aus.

Rosalie, unsere Lieblingskellnerin, bleibt neben uns stehen. »Armer Kerl«, sagt sie, für alle hörbar. »Vierzig Jahre lang hat er geschuftet und hatte kaum Zeit für sich und seine Familie. Vom Bereichsleiter bis zum Konzernchef hat er es gebracht und hat sich so darauf gefreut, im Ruhestand zusammen mit seiner Frau seine Traumjacht zu genießen. Und dann ist sie letztes Jahr gestorben. Ganz plötzlich. Sie hat so gerne selbst gekocht. Jetzt hat er seine Bordküche erst einmal abgesperrt, damit es nicht so weh tut.« Die plötzliche Stille spricht Bände. Von Neid ist nichts mehr zu spüren. Ich proste Martin zu und bin unendlich dankbar, hier mit ihm sitzen zu dürfen.

Wer andere beneidet, sieht nur das Ergebnis, das er auch gerne hätte. Aber nicht den Fleiß, die Anstrengungen und Entbehrungen, die zu diesem Ergebnis geführt haben. Würde er sie kennen, wäre er nicht unbedingt bereit, ebenfalls diesen Preis zu bezahlen. Ich bin ganz ehrlich: Auch ich hätte gerne so tolle, durchtrainierte Arme und so einen Body wie Madonna. Für ihr Alter ist das einfach sensationell! Aber ich bin mir völlig im Klaren darüber, dass ich niemals bereit wäre, dafür fünf Stunden täglich im Fitnessraum zu ackern. Nein, dieser Preis und Zeitverlust wären mir entschieden zu hoch!

So weit denken aber nicht alle, wenn sie jemand anderen um seinen Erfolg beneiden. Oder wenn sie es tun, verdrängen sie den Gedanken schnell wieder. Insgeheim machen sie sich selbst Vorwürfe, warum sie das nicht auch geschafft haben. Diese Vorwürfe

------

übertragen sie auf den Erfolgreichen, fühlen sich von ihm unter Druck gesetzt – und schlagen zurück.

»Der ist doch viel zu jung, um sich so ein fettes Auto leisten zu können. Das hat bestimmt der Papa bezahlt!«

»Mit ehrlicher Arbeit kann man nicht so viel Geld verdienen. Der macht sicher krumme Geschäfte.«

»Die große Villa kann sich dieser Konzernbonze doch nur leisten, weil er seine Mitarbeiter ausbeutet. Eigentlich haben die die Villa verdient, nicht er.«

»Dieses Blondinchen will eine erfolgreiche Geschäftsfrau sein? Die hat doch bestimmt nur mit dem Firmeninhaber geschlafen, da hat er sie dann zur Aufsichtsrätin gemacht.«

Kurz: Wer selbst keinen Erfolg hat – oder ihn nicht wahrnehmen kann –, redet gerne den Erfolg anderer Leute klein. Und macht sich vor, dass er unmöglich ehrlich erworben sein kann. Wenn nicht illegal, dann doch auf jeden Fall auf Kosten anderer. Es kann ja nur einer gewinnen und der andere verlieren. Im Grunde genommen ist Erfolg an sich etwas Unanständiges, oder?

Blödsinn. Wer erfolgreich ein Unternehmen aufbaut, nützt damit seinen Kunden und seinen Mitarbeitern. Wer richtig schöne Kleider entwirft oder großartige Konzerte gibt, wer also sein Talent voll auslebt, tut damit seinen Mitmenschen etwas Gutes. In einer Sache richtig gut und erfolgreich zu sein ist nicht egoistisch.

Die Einstellung, Erfolg zu misstrauen, ist trotzdem immer da. Sie steckt ein kleines bisschen in den meisten Menschen drin. Auch in den Erfolgreichen. Die haben ständig ein leicht schlechtes Gewissen und fragen sich, ob sie das wirklich verdient haben. Und ob es nicht peinlich ist, ihr Glück, ihren Wohlstand, ihr erfülltes Leben zu zeigen. Vor allem gegenüber Menschen, denen es gerade weniger gut geht.

In manchen Situationen ist diese Scheu angemessen. Wenn mir eine Freundin weinend von ihrem Liebeskummer berichtet, ist es weder einfühlsam noch klug, ihr postwendend von meiner neuen

Liebe zu berichten. Wenn ich heute befördert worden bin, halte ich diese Nachricht gegenüber einem Bekannten, der gestern seinen Job verloren hat, rücksichtsvollerweise noch ein wenig zurück. Ich kann mir schließlich an drei Fingern abzählen, wie es in diesem Moment in ihm aussieht. Aber wenn der andere nicht gerade eben einen Tiefschlag erlitten hat, auf den ihn Ihr Erfolg schmerzhaft stößt – warum sollten Sie sich dann verstecken?

Also – wenn Sie für etwas sehr beneidet werden, haben Sie es sich bestimmt auch verdient! Nein, Sie sind kein schlechter Mensch, wenn Sie Ihre Leistung oder Ihre Freundschaften oder Ihre Anschaffungen von Herzen genießen. Und wenn Sie keine Lust haben, Ihre Freude daran zu verhehlen, dann tun Sie es bitte auch nicht. Sollten Sie trotzdem noch Hemmungen haben, hilft ein simpler Trick.

Das habe ich mir verdient!

Wenn der Neid Ihnen ins Gesicht schlägt und Sie ungewollt zu zweifeln beginnen, ob Ihnen der Erfolg wirklich zusteht, holen Sie sich bitte einen großen Zettel. Schreiben Sie in möglichst großen Buchstaben quer darüber: Das habe ich mir verdient!!! Darunter, ebenfalls groß, schreiben Sie die Sache, um die Sie gerade beneidet werden: der tolle Job, die neue Eigentumswohnung, die glückliche Beziehung, die wohlgeratenen Kinder etc. Und jetzt schreiben Sie alles auf, was Sie dazu beigetragen haben, dass Sie jetzt das gute Ergebnis genießen dürfen. Geben Sie dabei, wenn möglich, konkrete Fakten und Zahlen an.

Beispiel: die wohlgeratenen Kinder. »Mensch, hast du ein Glück, deine Kinder haben so viele Freunde, ziehen ihr Studium durch und kommen trotzdem noch gerne nach Hause. Davon kann ich nur träumen, irgendwie ist das ungerecht …« Und schwupp, schon fühlt man sich schuldig. Dankbar und stolz, das wäre angemessen. Aber schuldig? Wie kommen Sie denn dazu? Schauen Sie lieber mal etwas genauer hin. Denn es ist nicht einfach nur Glück, dass die Kinder tüchtig sind und ein gutes Verhältnis zu den Eltern haben, wie man Ihnen vielleicht gerne weismachen möchte. Jeder hat sehr viel dafür getan, dass die Dinge heute so sind, wie sie sind. Als Vater oder Mutter wissen Sie genau, was noch alles dahintersteckt. Und das schreiben Sie jetzt auf:

»Ich habe mich über zwanzig Jahre engagiert; ich habe mindestens 100.000 Euro in das ›Projekt‹ Kind gesteckt; ich habe es gepflegt, als es die Windpocken hatte; ich habe stundenlang mit meinem Kind diskutiert; ich habe ihm bei den Hausaufgaben geholfen; ich habe seine Freunde zu uns eingeladen; ich habe starke Nerven bewiesen, indem ich nicht bei jeder Kleinigkeit nachgegeben habe und konsequent geblieben bin; ich habe ihn bei der Bandgründung unterstützt, aber gefordert, dass er sich die E-Gitarre selbst erarbeitet, und so seine Eigenständigkeit gefördert. Und ich habe noch viel mehr getan, was mir jetzt gar nicht alles einfällt! Fazit: Ich freue mich, dass ich so wohlgeratene Kinder habe. Ich weiß genau: Das habe ich mir redlich verdient!«

Wenn Sie sich auf diese Weise klar machen, dass Ihr Erfolg ein Grund zum Stolz und nicht zum schlechten Gewissen ist, dann können Sie die neidischen Sprüche an sich abprallen lassen. Und nach und nach trainieren Sie, sich sogar darüber zu freuen: Hey, ich werde beneidet, das ist toll!

2. Entlarven Sie verborgenen Neid

Neid ist nicht immer auf den ersten Blick zu erkennen. Nicht einmal für denjenigen, der neidisch ist. Kaum jemand gesteht sich ein: »Ich habe Angst, dass meine Freundin besser wird als ich und dann auf mich herabsieht.« Für so egoistisch will sich niemand halten. Stattdessen wird der Neid unterdrückt, und an die Oberfläche steigen nur die Luftblasen, die sich als Sorge um das Wohl der Freundin verkleiden. Oder um die Freundschaft.

»Wenn du zu dem neuen Arbeitsplatz hinziehst, dann sehen wir uns ja kaum noch!«

»Willst du wirklich so viel Geld in den Laden investieren? Wenn das danebengeht, hast du ja riesige Schulden!«

»Ich habe Angst um dich, wenn du so ganz allein über die Alpen wanderst. Wenn da was passiert!«

Es gibt natürlich auch die andere Variante: dass jemand sich selbst gegenüber genau weiß, warum er gegen die Pläne der Freundin, des Bruders oder Kollegen ist. Nämlich, weil sie den eigenen Zielen im Weg stehen.

Petra sitzt in der Kantine und wartet auf ihren Lieblingskollegen. Der Prospekt liegt aufgeschlagen vor ihr. Toll, dass der Anbieter so rasch reagiert und ihr alles sofort zugeschickt hat. Es sind nur noch drei Plätze frei, sie muss sich schnell entscheiden. Ah, da kommt Urs! Sie brennt darauf, seine Meinung zu hören. »Na Mäuschen, sogar in der Mittagspause noch fleißig?«, begrüßt er sie neckend. »Nein, nein, ich will dir nur unbedingt etwas zeigen. Schau mal hier, ist das nicht ein fantastischer Workshop!« Mit Feuereifer erzählt Petra ihrem Kollegen, was sie dabei alles lernen könnte: Kreativtechniken, Marketingkonzepte, Kosten-Nutzen-Bilanz und sogar ein paar Anregungen zur Teamführung sind dabei! Perfekt, genau das, was sie braucht! Urs hat noch nichts dazu gesagt. Er hat ja auch noch keine Ahnung, warum sie so begeistert ist. »Stell dir vor, wenn ich das gemacht habe, werde ich mich umgehend für die Leitungsassistenz bei der neuen Produkteinführung bewerben.« Urs sagt immer noch nichts. Seine Kollegin knufft ihn in die Seite: »Mensch, jetzt sag doch mal was …« Urs räuspert sich: »Nee, also weißt du, guck dir doch mal

– – – – – –

den Preis an. Das ist ja Wahnsinn! Wolltest du nicht eigentlich für die Aida sparen?« Er räuspert sich noch mal. »Und dann geht noch dein halber Jahresurlaub für die Fortbildung drauf. Da kannst du dich ja gar nicht erholen, das kann doch nicht gesund sein. Willst du dir den Stress wirklich antun?«

Nach diesem Gespräch zögerte meine Nichte Petra zwei Tage lang und entschloss sich dann doch, sich zur Fortbildung anzumelden. Aber da waren die letzten Plätze schon weg. Sie fluchte über sich selbst und reservierte sich gleich einen Platz im nächsten Seminar. Für die interne Stellenausschreibung war das allerdings zu spät. Einen Monat später hing am Schwarzen Brett die Teambesetzung für die neue Produkteinführung. Als Leitungsassistent stand da: Urs. Petra fiel aus allen Wolken. Mit seinen scheinbar wohlmeinenden Ratschlägen hatte ihr Lieblingskollege nur seine eigene Karriere im Auge gehabt!

Petras Erlebnis zeigt den Neid in seiner übelsten Form: rücksichtslose Missgunst, die auch vor Lügen und Intrigen nicht zurückschreckt.

- -

Alarm!

Folgende Anzeichen sollten bei Ihnen die Alarmglocken klingeln lassen:

- Sie werden für Ihre Begeisterung belächelt, man versucht, Sie »zurück auf den Boden« zu holen.
- Sie werden mit anderen Angeboten von Ihrem Vorhaben abgelenkt.
- Zig Einwände und Argumente werden gegen Ihre Ideen vorgebracht.
- Kleinigkeiten werden zu Riesenproblemen hochstilisiert.

- - - - - -

- Wichtige Informationen werden Ihnen vorenthalten.
- Sie bekommen Unterstützungsangebote, die in Ihnen ein Gefühl von Schwäche und Unzulänglichkeit auslösen.
- Es wird wiederholt betont, dass man nur das Beste für Sie will.
- Sie werden dauernd zu Rücksicht und Bescheidenheit ermahnt.
- Man wendet sich ohne ersichtlichen Grund von Ihnen ab.

Für alle diese Anzeichen gibt es natürlich auch tausend andere Gründe. Ich habe keinesfalls vor, Sie zu übertriebenem Misstrauen aufzustacheln. Doch zu viel Gutgläubigkeit kann ungesund werden. Und wenn die beschriebenen Anzeichen plötzlich gehäuft auftreten, machen Sie bitte die Augen auf. Es könnte tatsächlich blanker Neid dahinterstecken!

Meine Nichte hat nach diesem Verrat die Freundschaft mit ihrem Kollegen sofort beendet. In ihrem Fall war der Zusammenhang auch sehr offensichtlich. Doch zumindest zu Anfang sind Intrigen selten sofort zu erkennen. Und den meisten Menschen, zuallererst unseren Freunden oder Verwandten, möchten wir einfach keine Hinterhältigkeiten zutrauen.

Oft sind sie auch gar nicht hinterhältig, sondern merken selbst nicht, dass sie noch von anderen Beweggründen beeinflusst werden als von der Sorge um Ihr Wohl. Das ist besonders gefährlich, denn indem sie selbst an ihre Uneigennützigkeit glauben, können sie besonders überzeugend argumentieren.

Machen Sie sich klar: Auch ohne böse Absicht kann ein Ratschlag oder Kommentar aus unbewusstem Neid heraus entstehen. Sie brauchen das niemandem übelzunehmen. Aber genauso wenig müssen Sie solche Ratschläge für bare Münze nehmen. Wenn Sie darauf hören, setzen Sie Ihre Ziele aufs Spiel – und indirekt sogar die Freundschaft, denn wenn Sie merken, dass Ihnen der Rat geschadet hat, werden Sie sich hintergangen fühlen und verletzt sein.

Beugen Sie daher, so gut es geht, vor, damit es möglichst gar nicht erst so weit kommt. Entscheiden Sie grundsätzlich, sich von niemandem zum Spielball machen zu lassen. Schieben Sie wichtige Entscheidungen in brenzligen Situationen lieber noch eine Weile auf. Und versuchen Sie zuerst, einen Blick hinter die Kulissen zu werfen.

Lüften Sie den Vorhang

Sie stehen vor einer wichtigen Entscheidung. Nehmen wir an, Sie haben kürzlich eine Hypnose-Ausbildung abgeschlossen und möchten nun eine eigene Praxis eröffnen. Dazu wollen Sie sich mehrere Sichtweisen einholen. Etliche Personen stehen auf Ihrer Liste. Bei einigen ist es sehr wahrscheinlich, dass die Antwort unvoreingenommen und objektiv ausfallen wird: Der Beamte vom Ordnungsamt wird sich nur darum kümmern, wo und wie Sie Ihr Vorhaben umsetzen dürfen. Die Dame von der kostenlosen Existenzgründungsberatung gibt Ihnen einfach nur Tipps, wie Ihr Plan leichter gelingt und sich unterm Strich rechnet. Diese Infos sollten Sie daher auch als Erstes einholen.

Jetzt interessieren Sie aber auch noch die Meinung früherer Ausbildungsteilnehmer sowie die Einschätzung Ihrer besten Freunde und natürlich auch die Sicht Ihres Partners oder Ihrer Partnerin. Kommen hier von einer bestimmten Seite große Einwände und Bedenken, vielleicht sogar Empörung? Dann spinnen Sie für sich gedanklich den Faden weiter: In welcher Weise könnte sich Ihre Entscheidung auf das Leben der befragten Person auswirken? Wird sie unmittelbar davon profitieren oder nicht? Muss sie mit Veränderungen in ihrem Leben rechnen? Müsste sie sich eventuell mit Unbequemlichkeiten abfinden? Könnte sie sich vielleicht unterlegen oder benachteiligt fühlen, wenn Sie Ihren Plan umsetzen? Ist sie oder er generell ein ängstlicher Mensch, der sich nicht gerne auf Neues einlässt? Wie ist die Person gestrickt, die Ihnen in dieser wichtigen Sache raten soll?

Nun können Sie viel besser einschätzen, mit welcher Absicht und auf welcher Basis die Ratschläge erteilt werden. Wer Sie wirklich schätzt und unterstützen möchte, dem wird es auch wichtig sein, Sie zu bestärken. Er wird nicht nur auf mögliche Hürden hinweisen, sondern auch gleichzeitig mit Ihnen nach Lösungen zu ihrer Überwindung suchen.

So können Sie auch verfahren, wenn in Ihnen ein ständiges Misstrauen gegen nahestehende Personen nagt. Das sollten Sie sogar. Denn wenn Sie Ihren Zweifeln nicht mutig und gründlich nachgehen, gefährden Sie Ihr Verhältnis noch viel mehr. Mit der Zeit werden Ihre unterschwelligen Bedenken die Freundschaft und das Vertrauen zwischen Ihnen zerstören. Stellen Sie fest, dass tatsächlich Neid und Unehrlichkeit im Spiel sind, wird die Situation zumindest offensichtlich. Jetzt wissen Sie, woran Sie sind, und müssen sich nicht mehr mit latenten Befürchtungen arrangieren. Nun können Sie den Betreffenden offen darauf ansprechen. Vielleicht erschrickt er über sich, weil er gar nicht gemerkt hat, dass er aus Neid handelt. Dann kann ein offenes Gespräch die Freundschaft verbessern. Wenn der andere aber weiter unehrlich bleibt, dann wissen Sie zumindest: Seine Nörgelei brauchen Sie nicht ernst zu nehmen.

3. Lernen Sie, dem Druck standzuhalten

Ich bin Anfang zwanzig und neu in der Kosmetikbranche. Die Arbeit hat mich vom ersten Tag an gepackt. Genau mein Ding. Innerhalb kürzester Zeit schließe ich die Visagistinnenausbildung ab. Schon ein halbes Jahr später kommt meine große Chance: eine Tournee durch ganz Deutschland! Bei einer Friseur-Show stellt unsere Firma die Visagistinnen. Ich möchte unbedingt dabei sein. Sofort marschiere ich zu meinem Chef und trage mutig mein Anliegen vor. Er runzelt die Brauen: »Janet, Sie sind echt klasse im Job. Aber Sie sind erst seit einem halben Jahr dabei. Da gibt es noch andere, die auch auf die Tournee mitwollen und schon mehr Erfahrung haben. Unter anderem Ihre Teampartnerin.« Ich bin jung, impulsiv und kompromisslos. Also platze ich heraus: »Genau deswegen sollte ich mit. Ich will schließlich dazulernen. Wenn Sie mir die Chance nicht geben, werde ich woandershin gehen.« Meine jugendliche Unerschrockenheit bringt ihn zum Lächeln: »Jetzt beruhigen Sie sich erst einmal. Und ich werde die ganze Sache nochmals überdenken.« Wenige Tage später bekomme ich Bescheid: Hurra, ich darf mit! Jetzt kriege ich doch etwas Bammel. Hoffentlich habe ich den Mund nicht zu voll genommen. Herrje, ich muss vor Tausenden von Leuten die Models schminken und auch noch erklären, wie ich das im Einzelnen mache. Dabei habe ich nicht die mindeste Erfahrung im Moderieren. Nun muss meine Mutter dran glauben. Abend für Abend übe ich mit ihr meinen Bühnenauftritt. Damit auch das Outfit passt, kaufe ich mir extra ein neues Kostüm. Eine Seite ist rot, die andere schwarz. So ein ausgefallener Hingucker ist doch schon die halbe Miete …

Die nächsten Wochen werden anstrengend. Viel, viel anstrengender, als ich je gedacht hätte. Aber sie machen auch Riesenspaß. Und ich lerne unendlich viel. Bei unserem größten Auftritt haben wir 3.000 Zuschauer. Das muss gebührend gefeiert werden. Zur Abendgala sind viele illustre Gäste eingeladen. Und ich werde genau neben unserer obersten Chefin platziert. Da will nämlich sonst keiner sitzen, weil sie so pingelig ist. Als ersten Gang gibt es Hummer. Ich sehe das rote Tier auf meinen Teller und habe nicht die geringste Ahnung, wie ich es in meinen Mund bringen soll. Die Augen meiner Kollegen sind auf mich gerichtet. Flüsternd gestehe ich meiner Chefin das Dilemma ein. Sie flüstert zurück: »Nur keine Bange. Ich esse zuerst, und Sie

------

beobachten genau, wie ich es mache. Sie werden sehen, das klappt!« Und es klappt wunderbar – ein toller Abend inklusive Hummerkurs! Die Tournee endet insgesamt als voller Erfolg. Und ich kehre voller Begeisterung in meine Firma zurück.

Bevor Sie mir jetzt zu früh gratulieren: Das ist noch nicht das Ende der Geschichte. Wie gesagt, ich war jung, ungestüm und hatte noch wenig Lebenserfahrung. Zum Glück. Hätte ich vorher gewusst, was mich hinterher erwartet, wer weiß, ob ich nicht doch noch in letzter Minute zurückgesteckt hätte.

Meine Teamkollegin war Anfang vierzig, also doppelt so alt wie ich. Sie war schon seit sechs Jahren beim Unternehmen und hatte gehofft, bei der großen Tournee automatisch die erste Wahl zu sein. Die Niederlage tat ihr weh. Und sie tat alles, um es mir heimzuzahlen. Ab sofort hatte ich nichts mehr zu lachen. Ich bekam die schlechteren Einsätze und immer die Zeiten aufs Auge gedrückt, die keiner gerne mochte. Freitag ist der beste Ausgehtag, aber ich musste immer bis spät in den Abend Dienst machen. Danach war ich meistens zu kaputt zum Weggehen. Sie machte mich schlecht, wo und bei wem es nur ging. Passierte mir mal ein Fehler, konnte ich sicher sein, dass am nächsten Morgen die ganze Firma davon wusste. Wenn wir gemeinsam unterwegs waren, reduzierte sie mich zur kleinen Handlangerin. Ich fand keine Lösung, um sie in ihrem Verhalten zu stoppen. Mittlerweile hatte sie die halbe Firma gegen mich aufgebracht. Es dauerte noch ein Jahr, in dem ich immer wieder versuchte, mich zu wehren, dann beschloss ich, dass das nicht mehr meine Welt war. Und kündigte.

Nein, ein Zuckerschlecken war das damals wirklich nicht. Doch wenn Sie mich fragen: »Würden Sie es wieder tun?«, kann ich nur laut und deutlich bejahen. So denke ich nicht nur heute, so ging es mir auch schon kurze Zeit nach meinem Ausscheiden. Die geballte Erfahrung, die ich auf der Tournee und in der Zeit danach gesammelt habe, war es allemal wert.

Unfrieden auszuhalten fällt schwer. Selbst wenn man den Neid als Kompliment für die eigenen Fortschritte sieht, sind die Sticheleien, die ständige Kritik und die Ahnung, dass hinter dem eigenen Rücken gelästert wird, sehr unangenehm. Die Versuchung ist da, klein beizugeben und wieder mit der Masse mitzuschwimmen. Irgendwann kam ich zu der Erkenntnis: Es gibt genügend Menschen auf der Welt. Ich muss nicht mit allen gut auskommen. Dieser Gedanke hat mir enorm geholfen.

Wenn die Kollegen oder einzelne Bekannte meinen Erfolg nicht verkraften – ich brauche ihre Bestätigung nicht. Ich weiß selbst, was für mich gut ist. Und ich weiß: Da gibt es noch andere Freunde, und es gibt ein paar Verwandte, die mich auf jeden Fall unterstützen. Warum sollte ich mir meine Tage verderben und am Ende noch mein Ziel in Gefahr bringen, indem ich um die Sympathie derjenigen werbe, die mich doch nur ausbremsen wollen?

Um diese Gelassenheit an den Tag legen zu können, müssen Sie natürlich erst einmal unterscheiden: Bei wem aus Ihrem Umfeld ist der Neid auf Sie so groß, dass er die Freundschaft überlagert? Wer ist ein Bremser und wer ein echter Freund?

Echte und falsche Freunde

Wenn die Freunde meckern, weil Sie kaum noch Zeit für sie haben, entstehen richtige Ängste. Was ist, wenn ich meine wichtigsten Freundschaften verliere? Bleiben Sie entspannt. Freunde, die Ihnen von Herzen gönnen, dass Sie Ihren Traum verwirklichen, sind auch bereit, eine Durststrecke auszuhalten.

Die Angst, den Kontakt mit und die Aufmerksamkeit von geliebten Menschen zu verlieren, ist wahrscheinlich das größte Druckmittel überhaupt. Je näher einem ein Mensch steht, umso eher ist man natürlich auch bereit, auf ihn zu hören. Und umso mehr kann er einen verunsichern und seinem Neid bzw. seinen

- - - - - -

Ängsten einen plausiblen Anstrich geben. Bitte lassen Sie sich nicht davon anstecken. Wenn Sie merken, dass die Reaktion einer Person, die Ihnen wichtig ist, Sie in Ihrem Vorhaben entmutigt, fragen Sie sich: Was ist mir wichtiger? Ziehen Sie Bilanz: Wie sehr hindern mich dieses Verhalten und der versteckte Neid daran, wirklich voranzukommen? Ist das Verhältnis zu meinem Freund, zu meiner Freundin überhaupt noch ausgewogen?

Eine kleine Gegenüberstellung bringt sehr rasch Licht ins Dunkel:

Das gewinne ich in/aus der Beziehung:	Das gewinnt der andere:
Diese Nachteile nehme ich in Kauf:	Diese Nachteile trägt der andere:

Auf diese Weise sichtbar gemacht, fällt jetzt vielleicht der ein oder andere Schleier von den Augen. Hey, hier stimmt doch was nicht! Ich habe mehr Nachteile als Vorteile von der Freundschaft. Und der andere hat mehr Vorteile, wenn alles beim Alten bleibt. Mein Erfolg bringt ihm Nachteile. Er hat also wohl ein deutliches Interesse daran, mich auszubremsen.

Sie sehen deutlich, wohin Ihre kostbare Energie abfließt und was Sie ständig am Vorankommen hindert. Jetzt liegt es in Ihrer Hand, mehr Gleichgewicht herzustellen. Das bedeutet ein paar deutliche Worte. Dann wird sich zeigen, ob der andere bereit ist, mit Ihrer Weiterentwicklung zu leben, und Sie in Zukunft dabei unterstützt. Ob also in Zukunft die Freundschaft für Sie wieder mehr Vor- als Nachteile hat. Oder ob er sich zurückzieht und sich Ihre Verbindung langsam in Luft auflöst. Das ist dann aber nicht

Ihr Verschulden, sondern nur die logische Konsequenz. Hier hat es einfach nicht mehr gestimmt. Ihre gemeinsame Zeit ist wohl vorbei, so traurig das im ersten Moment auch sein mag.

Es kann aber auch sein, dass Ihr Gegenüber nicht akzeptieren kann, wie Sie Ihre Ziele verfolgen, sich jedoch nicht zurückzieht. Sondern weiterhin versucht, Sie festzuhalten und zu bremsen. In diesem Fall gibt es nur noch eines: Sie selbst beenden die Verbindung. Mit ein paar klaren Worten oder indem Sie aufhören, die andere Person anzurufen und einzuladen. Und auch dann hart bleiben, wenn Sie angerufen und eingeladen werden. Das fällt schwer. Aber wenn Sie die neuen Umstände akzeptieren, durchstehen und die Beziehung wirklich loslassen, werden Sie merken: Sie haben Platz für Neues geschaffen. Jetzt haben Sie freien Raum für neue, ehrliche, stärkende und konstruktive Kontakte. Das Leben füllt entstandene Lücken meistens sehr schnell wieder auf.

Manchen Menschen kann man nicht ganz aus dem Weg gehen, zum Beispiel Arbeitskollegen oder Familienangehörigen. Wenn zu diesem Personenkreis Neider und Miesmacher gehören, dann helfen zwei Sachen: zum einen, sich auf die echten Freunde zu stützen, und zum anderen, sich Ihr Ziel immer wieder in all seinen verlockenden Farben auszumalen. Das gibt Ihnen die Kraft, den Weg dorthin unbeirrt zu gehen.

Das Ziel visualisieren

Sportler behalten unverwandt ihr Ziel im Auge: Schwimmer warten nicht auf langsamere Kollegen, und Eiskunstläuferinnen lassen sich nicht davon abschrecken, wenn die Kolleginnen über ihr Kostüm herziehen. Trotz aller Widerstände geben sie ihr Bestes, denn sie wissen genau: Sie wollen die Goldmedaille. Keine Frage, dass die Mittel auch bei aller Zielstrebigkeit stets fair bleiben sollten – bei Doping fliegt ein Sportler raus. Sieger ist, wer im ehrlichen Wettstreit der Beste ist. Genauso ist es, wenn Sie auf dem Weg zu Ihren Zielen im Wettbewerb mit anderen stehen.

Damit Sie Widerstände und neiderfüllte Attacken besser aushalten können, hilft es, wenn Sie sich immer wieder vor Augen halten: Wie toll wird es sein, wenn ich mein Ziel erreicht habe!

Angeblich haben die meisten Lottogewinner schon nach drei oder vier Jahren ihren überraschenden Segen verschleudert oder durch Fehlinvestitionen verloren. Ich vermute: Das liegt daran, dass sie dafür keinen Plan hatten. Kein leuchtendes Ziel, das sie konsequent verfolgen können. Sich ein Haus oder ein Traumauto zu kaufen oder ein Jahr lang Urlaub zu machen ist zwar Lebensgenuss im Hier und Jetzt, aber kein Plan, der in die Zukunft trägt.

Die Lottogewinner haben weder den Umgang mit Geld noch mit Neid gelernt. Manche Glückspilze wagen es noch nicht einmal, die engsten Freunde einzuweihen. Zu groß ist ihre Angst, ihr bisheriges Umfeld zu verlieren, weil sie jetzt finanziell in einer anderen Liga spielen. Aus diesem Grund bieten die Lottostellen in Deutschland einen Beratungsservice für ihre Großgewinner an. Die drei goldenen Regeln: Bewahren Sie Stillschweigen, überstürzen Sie nichts, lassen Sie sich beraten.

Diese Zurückhaltung ist vielleicht sinnvoll für Menschen, deren Gewinn überraschend kommt und die noch gar keine Vorstellung davon haben, was sie damit anfangen wollen und können. Wenn sie in dieser Situation allen von ihrem Glück erzählen, kommen Neider und Schmarotzer in Scharen – Ideen werden im Keim erstickt, und das Geld ist schnell wieder weg. Erst mal still zu sein gibt den Gewinnern Zeit, Ideen zu entwickeln, um das Geld sinnvoll investieren und damit etwas aufbauen zu können.

Im Gegensatz zu den Lottomillionären werden Sie von Ihrem Erfolg nicht von heute auf morgen überrascht. Deswegen brauchen Sie sich auch nicht durch Stillschweigen zu schützen. Sie haben sich ein klares Ziel gesetzt und tasten sich Schritt für Schritt heran. Dabei wachsen Sie jedes Mal ein Stückchen, gewinnen ständig an Stärke und Profil. Das Ziel ist wie ein Magnet, der Sie anzieht – auch durch den Widerstand von Neidern. Wenn Sie trotzdem einmal spüren, dass Feindseligkeiten Sie entmutigen, dann hilft eines: Holen Sie sich die Hilfe Ihrer echten Freunde und entwerfen Sie Ihr Zukunftsszenario.

Gemeinsam das Bild zum Leuchten bringen

Laden Sie ausgewählte Freunde, Verwandte und Bekannte ein, sich mit Ihnen zusammen Ihr Ziel richtig schön auszumalen. Mit ausgewählt meine ich: Pessimisten und Miesmacher haben hier nichts zu suchen. Sonst besteht die Gefahr, dass Ihr Ziel zerredet wird und Sie gar keine Lust und Energie mehr haben, es anzupacken. Nein, Sie laden nur die Begeisterungsfähigen ein.

Das Motto könnte heißen: »Schöne neue Welt: Wenn ich mein Ziel erreicht habe …« Dann geht es los: Zusammen fantasieren Sie und malen sich jedes Detail aus. Wie wird Ihr Arbeitsalltag aussehen, wenn Sie Ihr Ziel erreicht haben? Wo und wie werden Sie leben? Wie wird das Treffen mit dieser Runde dann aussehen? Selbstverständlich sind Sie der Steuermann auf dem Kurs Ihrer gemeinsamen Fantasiereise. Aber Ihre Freunde und Verwandten tragen ihre eigenen Ideen bei und vervollständigen das Bild von Ihrer leuchtenden Zukunft. So wird es immer verlockender. Alle diese angenehmen Gefühle und positiven Szenarien bunkern Sie dann für sich. Nun können Sie sich immer daran erinnern, wenn Sie von Neidern angefeindet werden und Sie sich fragen, warum Sie das alles eigentlich machen.

Diese Methode hat noch einen anderen Vorteil: Sie holen die für Sie wichtigen Menschen schon im Vorfeld ins Boot. Wenn sie einmal dabei geholfen haben, alle Vorteile Ihres Ziels auszumalen, sehen sie auch, dass sie selbst nicht darunter leiden werden. So sind Ihre besten Freunde davor geschützt, unbewusst neidisch auf Sie zu werden. Jetzt wissen Sie: Die Menschen, die mir wichtig sind, unterstützen mein Vorhaben.

Mit der Unterstützung Ihrer Freunde und mit einem klaren Ziel vor Augen fällt es Ihnen immer leichter, den Neid Ihres Umfelds als das zu sehen, was er wirklich ist: Bewunderung. Dann bremst er Sie nicht aus, sondern gibt Ihnen die Kraft, Ihr Ziel weiterzuverfolgen.

 *Das schenk ich mir*

- *Ich verstecke mein Glück und meine Erfolge nicht mehr.*
- *Ich erlaube mir, Neid als Kompliment zu betrachten und als Beweis, dass ich meine Sache gut gemacht habe.*
- *Ich lasse mich auch von offenen, aggressiven Neidern nicht verunsichern.*
- *Ich schaue genau hin und überlege mir, welche Vor- und Nachteile andere von meinem Erfolg haben. Das vergleiche ich mit ihrer Reaktion auf meine Pläne. So erkenne ich rechtzeitig die versteckten Neider.*
- *Wenn mich jemand aus Neid ausbremsen will und mir seine Freundschaft damit mehr schadet als nützt, beende ich die Beziehung.*
- *Ich habe verinnerlicht: Es gibt genügend Menschen auf der Welt. Ich muss nicht mit allen zurechtkommen.*
- *Ich suche und finde Menschen, die bereit sind, mich offen zu unterstützen.*

7

Tu endlich, was du schon immer tun wolltest

»Und, wie war es?«, erkundige ich mich bei Martin, als er die Hotelterrasse betritt. Er winkt ab: »Frag lieber nicht. Er kam zwanzig Minuten zu spät und bestellte sich als Erstes ein Bier. Brauchte er angeblich zur Beruhigung. Dann zog er sein Jackett aus und hängte es über den Stuhl neben ihm. Der Stau habe ihn so geschafft …« Er verdreht die Augen. Also schon wieder nichts. Auch dieser Mann ist vollkommen ungeeignet für die Aufgabe, die wir ihm gerne anvertraut hätten. Langsam wird es eng. In vier Wochen tagt Martins Business-Club, und der geplante Etikette-Workshop wurde schon im letzten Newsletter angekündigt. Doch nachdem sich auch der letzte Kandidat soeben selbst von der Liste der möglichen Dozenten für diesen Workshop katapultiert hat, haben wir nun keine Idee mehr, wen wir guten Gewissens engagieren könnten. Mein Mann überlegt: »Vielleicht wähle ich einfach ein anderes Thema. Eine Programmänderung kann überall mal vorkommen.« Leichter gesagt als getan. In der nächsten halben Stunde suchen wir angestrengt nach Alternativen. Vielleicht doch lieber ein Vortrag zum Investitionsklima? Oder etwas aus dem Gesundheitsbereich? Oder Tipps fürs Zeitmanagement? Ach, für den Business-Club alles kalter Kaffee …
Da kommt mir plötzlich eine Idee: »Vielleicht gibt es so ein Be-

nimm-Training auch auf DVD. Wäre das eventuell ein Ersatz?« Martin schüttelt den Kopf: »Zu unpersönlich. Gerade beim Thema Etikette geht das gar nicht.« Ich hätte nicht gedacht, dass es so schwierig wird, einen geeigneten Vortragsredner zu finden. Wir beschließen, das Thema etwas ruhen zu lassen. Die reichhaltige Mittagskarte eignet sich ideal zur Ablenkung. Während wir auf unser Essen warten, lasse ich meinen Blick schweifen. Die Terrasse ist fast vollständig belegt, viele Geschäftsleute, wenig Urlauber. Der Tisch neben uns wird gerade neu besetzt. Er – ganz businesslike mit dunklem Anzug und Krawatte. Sie – bildhübsch, mit korrektem Blazer, aber im superkurzen Mini. Hm, wie passt das zusammen? Die Unterhaltung wird laut hörbar geführt. Aha, eine geschäftliche Besprechung. Er bestellt ein Wasser, sie einen Latte macchiato. Jetzt wird es spannend. Ich schlage Martin eine kleine Wette vor: »Gleich wird sie genüsslich den Löffel ablecken und dann den Schaum rauslöffeln, wetten?« Martin ist erstaunt: »Woraus schließt du das?«

»Aus dem Minirock. Und ihrer etwas zu saloppen Art für einen geschäftlichen Termin. Deswegen nehme ich an, dass sie keine Ahnung hat, dass der Löffel bei offiziellen Anlässen nur zum Umrühren da ist.«

»Was dir auch immer alles auffällt«, meint Martin anerkennend. Plötzlich schaut er mich ganz intensiv an. Und beginnt, breit zu grinsen. Erst stutze ich, dann muss ich ebenfalls lächeln. Ob er jetzt denkt, was ich auch denke …?

Ja, wir hatten den gleichen Einfall. Und damit endlich die Lösung für unser Problem gefunden! Manchmal sieht man den Wald vor lauter Bäumen nicht. Was Stil und Etikette betrifft, bin ich nämlich durch eine exzellente Schule gegangen. Dank meiner ehemaligen Chefin, die uns gnadenlos auf jeden Benimmfehler hinwies. Bei den Kollegen war sie deshalb unbeliebt, sie gingen ihr möglichst aus dem Weg. Aber ich kam gut mit ihr zurecht, mir machte

------

es riesigen Spaß, von ihr zu lernen. Seither bin ich ein wandelndes Etikette-Lexikon. Gutes Benehmen und korrekte Tischsitten sind mir in Fleisch und Blut übergegangen.

Genügend Know-how hatte ich also auf jeden Fall. Allerdings genügt Wissen allein nicht, es will auch gut vermittelt werden. Und Benimm-Seminare hatte ich noch nie geleitet. »Kein Problem, in drei Wochen hast du das drauf«, meinte Martin. Das bezweifelte ich nicht. Aber ich fragte mich, ob sich der ganze Aufwand für einen einzigen Auftritt lohnen würde. Nein, nicht wirklich, dafür denke ich viel zu praktisch und effizient. Aber vielleicht würde das ja gar keine Einzelvorstellung werden? Ich hatte Feuer gefangen. Eigentlich war es ja sowieso unser Plan, dass ich Martin zukünftig mehr unterstützen würde. Allerdings bei seinen bereits bestehenden Seminaren. Dass ich ein eigenes, völlig neues Angebot auf die Beine stelle, war bisher nicht vorgesehen. Aber jetzt stand die Idee im Raum. Ich als Etikette-Trainerin? »Takt und Stil« mit Janet Betschart … Hmm, irgendwie nicht schlecht.

Noch fürchtete ich, nur einer kurzfristigen Laune aufzusitzen. War das alles nur eine verrückte Idee? Aber Martin, der mich besser als jeder andere kennt, ließ nicht locker, bestärkte und unterstützte mich. Etliche Jahre sind seither vergangen und jetzt weiß ich ohne jeden Zweifel: Ja, genau das ist es! Nach vielen spannenden Lebensphasen in völlig unterschiedlichen Branchen kann ich heute voller Überzeugung sagen: Ich habe meine Berufung gefunden!

Genau das ist die Herausforderung: Wenn sich Gelegenheiten bieten, zu wissen, ob sie auch wirklich zu einem passen. Und so Tagträumereien und Hirngespinste von ernst zu nehmenden Träumen zu unterscheiden.

Schnapsidee oder Berufung?

In diesem Buch sind Sie schon viele Schritte gemeinsam mit mir gegangen. Wir haben uns ausführlich mit Ihren Fähigkeiten und Talenten, mit Ihren Wünschen und Träumen beschäftigt. Und hin und wieder auch einen Blick zurück in die Vergangenheit geworfen. Indem wir Ihre Wahrnehmungskanäle gründlich frei geräumt haben von überholten Mustern und Glaubenssätzen, kommen nun Dinge an die Oberfläche, die Sie vielleicht jahrelang unter Verschluss gehalten haben. Wie beim Blättern in einem alten Fotoalbum sind Sie vielleicht bei Ihren Nachforschungen plötzlich auf Ideen gestoßen, die Sie schon längst vergessen hatten. Dabei ist es egal, ob die Ideen vor einem Monat oder vor zwanzig Jahren geboren wurden.

Doch was machen Sie jetzt damit? Wieder schnell zurück ins Einmachglas und Deckel drauf? Schauen wir doch einfach mal genau hin.

Bis ein kleiner Bub fünf Jahre alt wird, ändert er seine Berufspläne vom Baggerfahrer bis zum Astronauten nahezu wöchentlich. Die Palette der kleinen Mädchen ist nicht weniger einfallsreich. In einem Haus am Meer leben, fünf Kinder und ein Pferd und einen Papagei haben, Ballerina, Friseurin oder Präsidentin der Vereinigten Staaten werden – in der Kinderzeit sind die Ideen kühn und ungebremst. Im Teenageralter werden die Überlegungen schon etwas realistischer: Nehme ich Schauspielunterricht und gehe zum Theater? Oder studiere ich Kunst und lebe später als Maler in Neuseeland? Reicht mein Talent überhaupt aus? Kann ich damit später genug Geld verdienen? Und wer weiß, ob mir das wirklich ein Leben lang Spaß macht.

Solche Bedenken kommen manchmal von innen heraus, häufiger sind sie das Ergebnis äußerer Einflüsse, zum Beispiel von Eltern, Lehrern, Freunden. Viele Ideen werden dann vorschnell abgehakt und verschwinden in der Versenkung. Ab und zu blitzt der

------

Funke wieder auf, nur um schnell wieder zu erlöschen. Sie sehen im Schaufenster eines Buchhändlers ein liebevoll gestaltetes Kochbuch, ein wenig ähnlich dem, das Sie schon seit langer Zeit schreiben wollten. Doch Sie haben nie die Zeit gefunden, wirklich einmal damit anzufangen. Nun sagen Sie sich: »Oh ja, jetzt werde ich endlich das Buch schreiben, gleich nach Weihnachten fange ich an!« Aber in den folgenden Tagen und Wochen gerät dieser Plan wieder in Vergessenheit. Genauso geht es Vorsätzen wie: »Im nächsten Jahr mache ich die vierwöchige Yoga-Ausbildung, ganz bestimmt!«, und: »Bald macht unsere Tochter ihr Abitur. Dann kaufen wir uns das lang ersehnte Segelboot und nehmen ein komplettes Jahr Auszeit!«

Wenn aus solchen Vorsätzen nichts wird, dann kann es ja auch nicht so wichtig gewesen sein, oder? Andererseits gibt es Menschen, die die Erfüllung ihres Lebenstraums immer wieder vor sich hergeschoben haben und die, wenn sie dann fünfzig, sechzig Jahre alt sind und ihr Vorhaben endlich in Angriff nehmen, feststellen müssen: »Hätte ich doch nur nicht so lange gewartet! So viel Zeit habe ich vertan, so viel Energie vergeudet!« Wie zum Beispiel der Sechzigjährige, der sich sein Leben lang immer für die Arbeitsstellen entschieden hatte, mit denen er seine Familie zuverlässig ernähren konnte. Erst nach einem Herzinfarkt machte er die Fortbildung zum Journalisten und gewann für seinen ersten veröffentlichten Artikel prompt einen Preis. Der Jammer darüber, dass die Hälfte des Lebens mit den verkehrten Dingen angefüllt war, ist groß. Die Erkenntnis kommt spät, nichts holt die verlorene Zeit zurück.

Die große Frage ist also: Bei all den Ideen, die einem von Zeit zu Zeit im Kopf herumspuken, und all den Möglichkeiten, über die man immer wieder stolpert und die ein Echo im Inneren auslösen – wie unterscheidet man da die Eintagsfliegen von den Dauerbrennern? Woher nehme ich den Mut und die Energie, um endlich loszulegen?

Viele denken, es reiche aus, darauf zu achten, ob eine Idee auch nach langer Zeit immer wieder im Kopf herumspukt, um sie als echten Herzenswunsch zu identifizieren. Mit dieser Ansicht laufen sie aber Gefahr, einen großen Fehler zu machen.

Der Zeigarnik-Effekt

Unerledigte Dinge und unbeantwortete Fragen bleiben in unserem Gedankensystem hängen wie ein Abenteurer in einer Felswand, der sich am Ende einer Fortsetzungsroman-Episode gerade noch an einem Grasbüschel festklammern kann. Die Frage »Stürzt er ab oder kann er sich retten?« beschäftigt die Leser so lange, bis sie in der nächsten Folge endlich den Ausgang der Geschichte erfahren. Aus diesem Grund werden solche unabgeschlossenen Gedanken und Erlebnisse auch »Cliffhanger« genannt. Der Schriftsteller Thomas Hardy war der Erste, der diesen Trick anwandte, um Abonnenten bei der Stange zu halten.

Die russische Psychologin Bluma W. Zeigarnik entdeckte 1927, dass solche Cliffhanger nicht nur Spannung erzeugen, sondern auch viel besser im Gedächtnis haften bleiben als Abgeschlossenes. Ihre Testpersonen erinnerten sich an jene Aufgaben, bei denen Zeigarnik sie unterbrochen hatte, neunmal besser als an die abgeschlossenen. Und das selbst dann, wenn sie sich mit den abgeschlossenen Aufgaben deutlich länger beschäftigt hatten. Dieses Ergebnis war unabhängig vom Alter oder Bildungsgrad der Testpersonen. Die lang anhaltende Verankerung im Gedächtnis hat damit zu tun, dass es für das Gehirn ein unangenehmes Gefühl ist, etwas nicht abgeschlossen zu haben. Erst wenn die Sache abgeschlossen, die Frage geklärt ist, kann auch die Idee oder das Problem als erledigt zur Seite gelegt werden.

Das Gehirn unterscheidet also nicht primär zwischen wichtigen und unwichtigen Dingen, sondern zwischen erledigten und unerledigten. Der Zeigarnik-Effekt macht klar, dass auch blödsinnige oder überflüssig gewordene Ideen, die ohne Bedeutung für unser Leben sind, sich im Gedächtnis festsetzen können. Wer vor Jahren mal angefangen hat, einen Segelschein zu machen und durch irgendwelche Umstände am Abschluss des Kurses gehindert wurde, wird immer wieder daran denken müssen. So, wie die Zunge an einer scharfen Kante eines Zahnes herumtasten muss, auch wenn es überhaupt nichts bringt und wehtut. Selbst wenn das Thema Segeln längst passé ist, weil man das Interesse verloren hat – zum Beispiel, weil der nette Segellehrer, der ursprüngliche Anlass für die ersten Segelversuche, zu einem langweiligen, untersetzten Verkäufer in einem Sportgeschäft geworden ist. Solange die Erinnerung alle Jahre mal wieder aus der Versenkung auftaucht und unbehandelt und ungelöst dort auch wieder bis zum nächsten Mal verschwindet, wird sich nie etwas ändern.

Lassen Sie uns also gemeinsam in den Winkeln Ihres Gedächtnisses aufräumen. Es gibt viel zu sortieren und wegzuwerfen. Und bestimmt wartet auch der eine oder andere Schatz darauf, gehoben zu werden. Gehen Sie mit mir die vier wichtigen Schritte bis zur Verwirklichung Ihrer wahren Herzenssehnsüchte:

1. Entrümpeln Sie die Winkel Ihres Gedächtnisses und sortieren Sie die Funde.
2. Nutzen Sie den Schub der Entscheidung.
3. Gehen Sie weiter, auch wenn sich das Ziel noch verbirgt.
4. Feiern Sie Ihren Erfolg.

1. Entrümpeln Sie die Winkel Ihres Gedächtnisses und sortieren Sie die Funde

Unerledigte Dinge rauben Energie und beanspruchen Ressourcen. Das wird Ihnen gar nicht auffallen, weil dieser Prozess wie bei einem Computer unbemerkt im Hintergrund abläuft. Ein gutes Beispiel für diesen Vorgang: Ihnen fällt ein bestimmter Begriff oder Name nicht mehr ein. Sie wissen genau, dass Sie das Wort kennen, aber je mehr Sie sich darauf konzentrieren, umso weniger kommen Sie darauf. Wie heißt noch mal die Fähigkeit zur Wahrnehmung der Lage und Bewegung der eigenen Gliedmaßen? Irgendwas mit Kinetik … Der Gedanke an dieses eine Wort kreist in Ihrem Kopf, lässt Sie nicht mehr los und Sie werden schon ganz kribbelig, weil Sie das Problem überhaupt nicht mehr aus dem Sinn bekommen. Doch, zum Glück, ein Weilchen später denken Sie nicht mehr daran. Glauben Sie. Ist aber nicht so. Das merken Sie daran, dass Ihnen dieses Wort ein paar Stunden später, mitten in einem völlig anderen Gespräch oder beim Einkauf, plötzlich einfällt. Plopp – da ist es: Kinästhesie heißt der gesuchte Begriff!

Sie haben das Suchen und Grübeln aufgegeben, den Gedanken daran völlig vergessen, doch Ihr Gehirn hatte den Prozess nur vom Bewussten ins Unbewusste verschoben. Dort ließ es den Suchprozess weiterlaufen. Das kann Ihr Gehirn so ganz einfach nebenbei.

Jetzt stellen Sie sich vor, wie viele unerledigte Dinge Ihr Gehirn verwalten muss: Das Geburtstagsgeschenk für Onkel Hugo, die Frage, ob Ihr Sohn weiter im alten Fußballclub bleiben soll oder besser in die nächste Liga wechselt, oder wie Sie Ihren Großkunden am besten die Schlagkraft Ihres Unternehmens verdeutlichen. Vieles kann nicht sofort entschieden oder gelöst werden und wird deshalb auf die lange Bank geschoben. Der Ballast an unerledigten Dingen, den Sie mit der Zeit mit sich herumschleppen, wird schwerer und schwerer.

- - - - - -

So großartig das Gehirn in seinen Leistungen auch ist, seine Kapazität kommt irgendwann an ihre Grenzen. Laufen zu viele Prozesse parallel, geht die Arbeitsleistung des Gehirns in die Knie. Denn jeder einzelne Gedankenstrang beansprucht Energie. Und die möchten Sie sicher nicht ungenutzt vergeuden. Deshalb ist es so wichtig, sich über die Altlasten in Ihrem Unterbewussten überhaupt erst mal klar zu werden.

Wie ist es mit dem Traum von einer Bühnenkarriere, der schon seit Mädchentagen in einem herumgeistert und sich immer und immer wieder meldet? Jetzt ist das kleine Mädchen vielleicht seit zwanzig Jahren Krankenschwester. In langen Nachtschichten kommen manchmal die alten Wünsche wieder hervor, dann versüßt sie sich den schweren Dienst mit Träumereien über entgangene Rollen. In diesem Fall ist es dringend notwendig, sich endlich näher damit zu befassen und zu schauen, was wirklich dahintersteckt: Kleinmädchentraum oder die eigentliche Bestimmung?

Holen Sie also den Ballast, den Sie in vielen Jahren angehäuft haben, Stück für Stück aus der Versenkung und befreien Sie ihn von den Spinnweben. Überlegen Sie bewusst, was auf den Müllhaufen der Geschichte gehört und womit es sich lohnt, sich ausführlicher zu beschäftigen. Um dies zu entscheiden, gehen Sie bei Ihren Träumen ins Detail.

Kunst oder Krempel?

Wer wissen will, ob das auf dem Dachboden entdeckte Nachttischchen von Großtante Erna eine kostbare Antiquität ist oder doch nur für den Flohmarkt taugt, kann es von Experten schätzen lassen – zum Beispiel bei der Fernsehsendung »Kunst oder Krempel«. Für Ihre unerledigten Aufgaben, die Sie im Speicher Ihres Gedächtnisses gefunden haben, gibt es leider keine solchen Experten. Hier müssen Sie selbst entscheiden. Die folgende Technik kann Ihnen helfen: Nehmen Sie sich ein Blatt Papier und teilen Sie es in drei Spalten:

1. Was genau habe ich mir damals erhofft?
2. Habe ich diese Wünsche immer noch?
3. Kann meine Idee, mein Plan diese Wünsche erfüllen?

Vom Traum, nach Kalifornien auszuwandern, könnten Sie sich beispielsweise erhofft haben: einen entspannteren Lebensstil, tolle Konzerte, in einem warmen, sonnigen Klima zu Hause sein, am Pazifik leben etc. Dann horchen Sie in sich hinein. Stellen Sie sich jeden dieser Wünsche nacheinander vor und prüfen Sie, ob es in Ihrem Bauch zu kribbeln beginnt. Wenn ja, kommt ein Haken in die zweite Spalte. So stellen Sie fest: Einen entspannteren Lebensstil, das Leben am Meer und mehr Sonne wünschen Sie sich immer noch sehr, während die Konzerte für Sie an Bedeutung verloren haben. Insgesamt ist der Traum also noch sehr wach in Ihnen. Jetzt überlegen Sie sich, ob Sie sich damals überhaupt ein realistisches Bild gemacht haben. Informieren Sie sich über Kalifornien. Und fliegen Sie möglichst bald dorthin. Dann werden Sie sehen, ob es sich dort wirklich so entspannt lebt. Wenn Sie nach all dem feststellen, dass Ihr Traum Kraft hat, dann gibt es nur eines: Machen Sie sich an die Umsetzung! Es kann natürlich auch sein, dass Sie feststellen: Heute hat der Traum keine Zugkraft mehr für mich. Andere Ziele sind viel wichtiger geworden. Dann kann die Akte endlich mit dem inneren Stempel »Erledigt!« versehen werden und vom Stapel »Dringend und wichtig« ins finale Ablagefach wandern. Zack! Wieder ein Steinbrocken weniger. So entlasten Sie Ihr Gehirn und machen Platz für Neues.

Es gibt einen Grund dafür, warum Menschen so gerne To-do-Listen führen. Einen Punkt auf der Agenda abhaken zu können gibt ein wunderbares Gefühl der Zufriedenheit. »Großartig, wie-

- - - - - -

der etwas geschafft!« Genauso geht es Ihrem Gehirn. Es freut sich, wenn wieder eine Ecke entrümpelt wurde, und belohnt Sie mit guter Laune und erhöhter Arbeitsleistung.

Und die antiken Kunstwerke, die Sie bei Ihrer Entrümpelungsaktion gefunden haben? Die echten, verschüttgegangenen Lebensträume? Bei denen wissen Sie jetzt: Sie werden innerlich keine Ruhe haben, bevor Sie sich darangemacht haben, sie umzusetzen. Auch wenn es schwerfällt, den gewohnten Alltag so grundlegend zu ändern: Es lohnt sich.

»So muss es im Paradies sein!« Mit einem tiefen Seufzer streift Michaela die Sandalen von den Füßen und lässt sich in den weißen Sand sinken. Der Flieger ist erst vor zwei Stunden gelandet. Eigentlich wollte sie zuerst ihren Koffer auspacken, aber dann hielt es sie keine Minute länger im Hotel. Die Palmen, das türkisblaue Wasser, der endlose Strand – wie viele Wochen hatte sie sich auf diesen Moment gefreut! Dreimal hatte sie den Reiseprospekt wieder aus dem Altpapier geholt, bis sie sich endlich zur Buchung entschlossen hatte. Sie steht auf und badet ihre Füße im warmen Ozean. Ein paar Meter weiter macht ein Mann seinen schneeweißen Katamaran am Ufer fest. So hat sie sich immer einen Weltumsegler vorgestellt – groß, drahtig, braun gebrannt. »Was er wohl für ein Landsmann ist?« Michaela beschließt, ihre Neugier zu stillen, und spricht ihn an. In Deutschland hätte sie das niemals gewagt, aber hier kennt sie ja keiner. Welche Überraschung! Der Weltumsegler spricht Deutsch, mit einem sympathischen französischen Akzent. Aus ihrer kurzen Begegnung am Strand entspinnt sich ein Gespräch von über zwei Stunden.

»Wer hätte das gedacht«, staunt sie, immer noch völlig fassungslos, als sie ihrer Freundin vier Wochen später von der Reise berichtet. »Ich war gerade erst gelandet – und schon lerne ich den Mann meines Lebens kennen!« Die Liebe hat sie gepackt, von Kopf bis Fuß. Es gibt nur ein Problem: Er lebt schon seit vielen

------

Jahren auf einer kleinen karibischen Insel. Sie hat sich ihre Existenz in Deutschland aufgebaut. Beide haben keinen Plan, wie es nun weitergehen soll. Michaela kann ihren Job nicht von heute auf morgen hinschmeißen. Was würden ihre Kinder dazu sagen! Und was ist, wenn der Traum von der großen Liebe platzt wie eine Seifenblase? Sie ist Anfang fünfzig, da gibt man einen sicheren und gut dotierten Posten doch nicht einfach auf! Während all diese Überlegungen in ihrem Kopf kreisen, fliegen Michaela und ihr Traummann fleißig hin und her. Sie kann nicht anders – das Denken hat sie schon lange an ihr Herz abgegeben. Erst sind es drei Wochen, dann sechs, dann volle drei Monate, die sie mit ihrem Weltumsegler verbringt. Von Mal zu Mal wächst das gegenseitige Vertrauen, die Liebe wird tiefer und tiefer. Dann ist es so weit. Michaela beschließt, ihren Job zu kündigen, und geht mit ihrem Traummann für ein Jahr auf Weltumsegelung.

Diese schöne Geschichte von Michaela, die ich als Teilnehmerin eines meiner Seminare kennengelernt hatte, geht noch weiter. Doch bevor ich Ihnen davon erzähle, lassen Sie uns vorher kurz betrachten, was Michaela selbst dazu beigetragen hat, dass ihr Glück den direkten Weg zu ihr finden konnte:

1. Sie hatte einen lang gehegten Traum: Einmal im Leben für vier Wochen in die Karibik fliegen!
2. Sie war sich diesen Traum wert: Sie sparte Euro für Euro, um sich den Urlaub leisten zu können.
3. Sie gab ihren Traum auch bei Zweifeln nicht auf: Dreimal kramte sie den Prospekt wieder aus dem Altpapier heraus.
4. Sie war bereit, alte Gewohnheiten loszulassen: Mutig sprach sie den Mann am Strand an.
5. Sie gab das Denken und Kontrollieren auf und vertraute nur noch ihrem Herzen: Ohne zu wissen, ob die Beziehung auch Bestand haben würde, buchte sie einen Flug nach dem anderen.

– – – – – –

6. Sie zeigte großen Mut und war willens, alles auf eine Karte zu setzen: Sie gab ihren Job auf und war bereit, ein völlig neues Leben zu beginnen.

Ich finde diese Geschichte so bemerkenswert, weil sie deutlich zeigt, welchen Stellenwert der persönliche Mut hat, wenn es darum geht, die eigenen Lebensträume zu verwirklichen. Ohne ihren Mut säße Michaela heute noch an ihrem Arbeitsplatz und würde nicht mit ihrem Liebsten um die Welt segeln. Herzensmut beflügelt. Und er macht möglich, was wir bis dahin für absolut unmöglich gehalten haben. Wenn wir den Wünschen folgen, die sich tief in unserem Gehirn festgekrallt haben, entwickelt sich eine ungeheure Sogwirkung. Es ist, als hätten wir das Tor zum Glück plötzlich weit geöffnet. Dinge fliegen uns zu, von denen wir noch nicht einmal zu träumen gewagt hätten: erst die Reise in die Karibik, dann die große Liebe, dann auch noch der Traum von der Weltumsegelung und schließlich ein Leben auf einem der paradiesischsten Fleckchen der Erde.

Ach ja, ich wollte Ihnen ja noch das Ende erzählen: Im Juni 2010 haben die beiden in der Schweiz geheiratet und kamen nach der Trauung direkt bei uns zum Anstoßen vorbei. Und jetzt leben sie glücklich und zufrieden als Ehepaar – mal in der Karibik, mal auf dem großen, weiten Meer.

Also: Finden Sie den Mut, zu tun, was Sie schon immer tun wollten! Auch wenn Sie, seit Sie das erste Mal davon träumten, einen völlig anderen Weg eingeschlagen haben. Es ist nie zu spät!

2. Nutzen Sie den Schub der Entscheidung

Die innere Stimme ist viel, viel leiser als unser vorlauter Verstand. Sosehr sie sich auch anstrengt, manchmal schafft sie es nicht, sich frühzeitig Gehör zu verschaffen. Die Einflüsse unserer Umwelt,

------

die Macht unserer Ängste und Konditionierungen sind dann einfach zu stark. Und so legt sich die Stimme müde schlafen. Aber Achtung, es kann passieren, dass sie erst viele Jahre später, aber dann hellwach und putzmunter, wieder laut wird und dringend und unerbittlich Ihre Aufmerksamkeit einfordert.

Antonio kommt aus einer italienischen Einwandererfamilie. Seine Eltern hatten hart gearbeitet und in der Schweiz ein kleines italienisches Speiselokal eröffnet. Der Ruf des Restaurants geht inzwischen weit über die Grenzen des Kantons hinaus. Antonio hat dort von klein auf fleißig mitgeholfen. Für seine Eltern war es daher beschlossene Sache: Unser ältester Sohn übernimmt eines Tages das Geschäft! Antonio hatte ganz andere Pläne. Aber er sah keine Veranlassung, seine Eltern sofort darüber aufzuklären. Nach dem Abitur, dachte er, ist es noch früh genug, wenn sie sich aufregen. Seit Antonio im Schultheater mitgewirkt hatte, hatte er seine große Leidenschaft entdeckt: Er wollte auf die Bühne und Komiker werden! Seine Lehrer bestätigten ihm großes Talent, seine Schulkameraden lagen bei seinen Vorführungen regelmäßig vor Lachen unter dem Tisch. Zwei Wochen nach dem Abi ließ Antonio die Bombe platzen. Mit solch massivem Widerstand hatte er allerdings nicht gerechnet: Sein Vater bekam fast einen Herzinfarkt, seine Mutter sprach vier Wochen lang nicht mit ihm. So begrub er seine Pläne und fügte sich in das von seinen Eltern vorbestimmte Schicksal – Restaurantbesitzer in vierter Generation. Er heiratete und dachte lange Zeit nicht mehr an seine Jugendträume.

Dann passierten zwei Dinge gleichzeitig. Er besuchte eine Seminarreihe und schaute dabei ein bisschen hinter die Kulissen seines Lebens. Zeitgleich fragte ihn sein 15-jähriger Neffe, der ab und zu bei ihm aushalf, ob er früher auch mal etwas anderes als Restaurantchef hatte werden wollen. Diese Frage war für Antonio wie ein Stich in eine nie ganz verheilte Wunde. Er zeigte seinem Neffen Bilder von seinen Schulaufführungen. Und er führte ihm zwei Sketche vor, von denen er dachte, er hätte sie schon lange vergessen. Wie früher seine Mitschüler konnte sich nun sein Neffe vor Lachen nicht mehr halten. Ab sofort konnte Antonio nachts kaum noch schlafen. Das war doch der pure Wahnsinn – sollte er jetzt mit 45 etwa alles wegwerfen, was er so sorgsam aufgebaut hatte? Er konnte doch nicht das Lebenswerk seiner Eltern zerstören! Zum Glück verstand ihn seine Frau. Und riet ihm, in aller Ruhe einen einstündigen Auftritt auszuarbeiten. Drei Monate später kündigten sie dann bei allen Stammgästen und der gesamten Verwandtschaft ein Überraschungs-Event an. Der Abend traf voll ins Schwarze. Die Gäste gaben Standing Ovations und forderten mehrere Zugaben. Als Antonio nach der Vorstellung seinen Vater begrüßte, sagte der alte Herr mit Tränen in den Augen: »Junge, an dir ist ein Komiker verloren gegangen.«

Antonio fand tatsächlich noch einen Weg, seinen Lebenstraum als Komiker zu verwirklichen. Dem Überraschungsabend im Lokal folgten noch einige weitere Vorstellungen. Dann wurde sogar jede Woche ein Abend dafür reserviert. Mit der Zeit stellte sich heraus, dass das Lokal zu klein wurde. Und die Gäste auch nicht immer Lust hatten, die Vorführung mit einem Essen zu verbinden. Das rechnete sich wiederum nicht für sein Lokal. Antonio wuchs die Arbeit als Restaurantchef kombiniert mit seinen Auftritten auch langsam über den Kopf. Es wurde Familienrat abgehalten. Und plötzlich lag die Lösung auf der Hand: Sein jüngerer Bruder, der bisher zusammen mit seinem Sohn ausgeholfen hatte, gab seine Anstellung in einem anderen Lokal auf und übernahm die Restaurantleitung. Nun ist es Antonio, der neben seinen zahlreichen Engagements ab und zu bei seinem Bruder aushilft.

Wie gut, dass Antonio und mit ihm viele andere Personen den Mut zu einer klaren Entscheidung fanden. Nämlich zu der Entscheidung, dass es auch in der Mitte des Lebens nicht zu spät ist für einen ersten Schritt in eine völlig neue Richtung.

Eines der größten Hemmnisse auf diesem Weg: die Angst vor finanziellen Verlusten. Halten Sie, wenn irgend möglich, nicht wegen Geld an dem Gewohnten fest, obwohl Sie erkannt haben, dass Ihr Herz für etwas völlig anderes schlägt. Es würde nur bedeuten, auf dem sinkenden Schiff ausharren zu wollen, anstatt sich mit dem Beiboot auf zu neuen Ufern zu begeben. In der Theorie ist das den meisten Menschen klar. Sie in die Praxis umzusetzen ist aber schwer und erfordert große Entschlusskraft. Denn Menschen sind sehr leidensfähig. Sie sagen: »Ein bisschen geht noch, ich halte noch aus. Auch wenn es mich woandershin zieht – der Job, den ich habe, ist ja gar nicht so schlimm. Und was soll werden, wenn ich das jetzige Einkommen nicht mehr habe?«

Um nicht in diese »Ich-halte-das-durch«-Falle zu tappen, hilft es, wenn Sie sich daran erinnern, dass Sie schon oft in Ihrem Leben Lehrgeld bezahlen mussten – das gehört nun mal dazu. Der neue Pullover erwies sich als Fehlkauf und landete ungetragen in dem Sack für die Kleiderspende. Die von einem Bekannten angebotene bombensichere Geldanlage ließ das eigentlich für einen Urlaub eingeplante Geld auf Nimmerwiedersehen verschwinden. Die supergünstige Wohnung, bei der erst ein paar Wochen nach dem Einzug der Schimmelbefall durch die vom Vormieter frisch getünchten Wände wieder zum Vorschein kam: Der hastige Auszug war noch teurer als der Einzug. In solchen Situationen hilft nur eines: loslassen, abhaken und Blick nach vorn!

Dasselbe gilt aber auch für falsche Entscheidungen, die Sie wertvolle Jahre gekostet haben. Der Partner, mit dem Sie lange Jahre zusammengelebt haben und den Sie nicht mehr lieben: Die Zeit, die Sie zusammen verbracht haben, ist noch lange kein Grund, auf immer und ewig an einer todunglücklichen Ehe festzuhalten. Nur weil es Sie vor Jahren nach Hintertupfing verschlagen hat und Sie dort eine Eigentumswohnung haben, heißt das noch lange nicht, dass Sie Ihr Leben lang auf den Traum vom Wohnen am Meer verzichten müssen.

Der Weg zum Glück beginnt mit der Entscheidung zum mutigen und konsequenten ersten Schritt. Der Rest des Weges erschließt sich beim Gehen automatisch unter Ihren Füßen. Machen Sie sich gar nicht erst die Mühe, Ihr inneres Rufen wieder auf stumm schalten zu wollen. Wie die Softalarm-Funktion bei Ihrem Wecker oder Smartphone wird das Rufen bei jeder Erinnerung lauter und drängender.

Übrigens: Wenn Sie den Mut zur großen Veränderung haben, wird auch Ihr Umfeld von dem frischen Wind profitieren, den Sie in Ihr Leben bringen. Mit Ihnen als Vorbild wächst auch bei Ihren Freunden und Bekannten, die ihre Pläne schon längst tot und begraben glaubten, die Hoffnung auf eine zweite Chance. Durch Sie lernen sie, die Möglichkeiten zu sehen, die sich jedem zu jeder Zeit bieten. Den Startschuss haben Sie gegeben. Ob allerdings Ihre Freunde die Gelegenheit ergreifen und sich aus alten Verkrustungen lösen – so wie Sie –, müssen diese allein entscheiden.

Damit Sie den großen Schub der wiedererwachten Sehnsucht auch wirklich nutzen, gibt es ein gutes Hilfsmittel: Treffen Sie sofort eine feste Verabredung mit sich selbst.

Ihr wichtigstes Date

Wunderbar, Sie haben also die Entscheidung getroffen, Ihre lang gehegte Idee in die Tat umzusetzen. Sie wollen einen Brief an Ihre verschollene Jugendfreundin schreiben? Oder Ihrem wiedererwachten Traum vom eigenen kleinen Frühstückscafé nachspüren? Oder endlich, endlich den Motorradführerschein machen? Dann treffen Sie eine Verabredung mit sich selbst, genauer gesagt, zwei. In der ersten Verabredung geht es darum, mit dem ersten Schritt zu beginnen. In der zweiten, ihn auch tatsächlich bis zu Ende zu gehen.

Beispiel Jugendfreundin: Da Sie diese Person aus den Augen verloren haben, setzen Sie sich einen Termin, wann Sie damit beginnen, intensiv nach der Adresse zu recherchieren, zum Beispiel am 21. April. Sie werden Zeit benötigen für die Recherche. Bei Facebook und anderen Online-Netzwerken recherchieren, an Schulkameraden schreiben, ehemalige Nachbarn befragen … Es dauert, bis die Ihre Mails beantwortet haben. Planen Sie genügend Zeit ein, in der Sie realistischerweise die Adresse Ihrer Freundin herausgefunden haben werden. Nehmen Sie sich ein Zeitfenster, das für Sie passt. Am Ende dieses Fensters tragen Sie den zweiten Termin in Ihren Kalender fest ein.

Beispiel Frühstückscafé: Sie sind noch ganz ohne Gastronomie-Erfahrung? Dann setzen Sie als ersten Termin den Zeitpunkt, an dem Sie zum Hörer greifen und sich für ein Urlaubspraktikum in einem Café bewerben. Der zweite Termin fällt dann automatisch auf den Beginn Ihres Urlaubs, wenn Sie mit Ihrem Praktikum loslegen.

Beispiel Motorradführerschein: Ganz klar, erst wollen Sie wahrscheinlich die richtige Fahrschule suchen und die Preise vergleichen. Fangen Sie doch gleich heute damit an. An Ihrem zweiten Date finden Sie sich pünktlich zur ersten Fahrstunde ein.

Und bitte nicht vergessen: Nehmen Sie Ihr Date mit sich selbst so ernst, als wären Sie zu einer Hochzeit oder einem wunderbaren Abend mit interessanten Leuten eingeladen. Schon Wochen zuvor freuen Sie sich auf den Termin. Sie dürfen sich keinesfalls versetzen! So etwas ist gerade beim ersten Date ein absolutes No-Go!

Nehmen Sie sich für die Durchführung des Plans die Zeit, die Sie brauchen. Sonst sind Enttäuschungen vorprogrammiert. Nur in einem Punkt sollten Sie mit sich selbst streng sein: Fangen Sie so schnell wie möglich mit der Umsetzung an – am besten gleich heute. Sprichwörter können praktische Hinweise geben, wie man es gut angeht, damit es leichter funktioniert. Einfache Sprüche wie »Morgenstund hat Gold im Mund« oder »Der frühe Vogel fängt den Wurm« bringen es auf den Punkt. Nicht zögern und warten, sondern loslegen und anfangen.

Einer meiner Lieblingssprüche ist »Küss die Kröte am Morgen«. Das heißt, das Unausweichliche nicht vor sich herschieben. Ich halte mich daran, und auch für Sie wird es extrem hilfreich sein. Ganz besonders, wenn Ihr erster Schritt, Ihr erstes »Date«, etwas unangenehm werden könnte. Vielleicht besteht Ihre erste Handlung darin, dass Sie Ihren Lebenspartner von folgendem Plan in Kenntnis setzen: Sie werden einen dreiwöchigen Intensiv-Sprachkurs in England antreten, um endlich Ihr Englisch zu perfektionieren. Kann schon sein, dass er im ersten Moment nicht besonders erfreut ist ... Doch genau aus diesem Grund: Schieben Sie das Gespräch nicht unnötig auf! Denken Sie an den Zeigarnik-Effekt und blockieren Sie sich nicht selbst. Bringen Sie es so schnell wie möglich hinter sich und schließen diese Phase Ihres Planes ab.

Wenn Sie wissen, dass Sie die Kröte sowieso küssen müssen, dann tun Sie es sofort. Nehmen Sie sie beherzt in die Hand und drücken Sie ihr einen festen Schmatzer aufs breite Maul. So manche Kröte hat sich plötzlich als Prinz entpuppt.

3. Gehen Sie weiter, auch wenn sich das Ziel noch verbirgt

Toll, wenn Sie genau wissen, wohin Sie Ihr inneres Rufen führen wird. Aber das ist nicht immer so. Unsere Herzenswünsche ziehen uns auch manchmal durch Zeiten und Bereiche, in denen wir uns fragen: Geht die Reise eigentlich immer so weiter? Ich weiß zwar genau, dass ich das, was ich gerade mache, auch machen will.

Momentan ist alles prima. Doch wie lange wird das anhalten? Ja, es bringt mich voran, das spüre ich. Aber wohin führt es mich am Ende?

Das Erste, was mir an Nadja auffällt, ist ihre Stimme. So eine unglaublich angenehme Telefonstimme – das ist der Hammer! Wir wurden ihr von einer Bekannten, die mit ihr die Abendschule besuchte, empfohlen. Dorthin hatte es Nadja verschlagen, als sie keine rechte Freude mehr an ihrer Arbeit als Lehrerin fand. Obwohl sie anfangs mit Begeisterung die Klassenzimmer betreten hatte, genügte ihr diese Herausforderung jetzt nicht mehr. Statt mit Kindern wollte sie doch lieber mit Erwachsenen arbeiten. Deshalb machte sie einen klaren Schnitt und begann eine Ausbildung an der Abendschule, Schwerpunkt Marketing. Und nun habe ich sie am Haken, pardon, am Telefon.
Ich erzähle Martin begeistert von der jungen Frau, die sich bei uns als Unterstützung fürs Marketing beworben hat. Er wiegelt ab: »Das kannst du vergessen. Wer von dieser Abendschule kommt, hat nur Theorie im Kopf. Die kann ich komplett neu ausbilden.« Ich gebe nicht nach und schaffe es, ihn zu überzeugen. Nadja stellt sich gleich am nächsten Tag vor. Unglaublich, sie toppt sogar noch den super Eindruck vom Telefon! Jung, hübsch, extrem motiviert und ein Ausbund an Lebensfreude. Wie schade, dass wir noch kein Bildtelefon haben, die Kunden würden schon allein ihretwegen anrufen! Martin ist jetzt auch begeistert. Wir beschließen, ein halbes Jahr betriebsinterne Ausbildung in sie zu investieren. Der Einsatz lohnt sich. Nadja ist nie krank, nie schlecht gelaunt und über die Maßen motiviert. Sensationell. Wie alle Mitarbeiter durchläuft auch sie unsere eigene Seminarreihe. Aber damit graben wir uns selber das Wasser ab! Nach knapp zwei Jahren steht sie verlegen in unserer Bürotür: »Kann ich mal mit euch sprechen?« Sie hat ein tolles Angebot bekommen. Eines, auf das sie immer gewartet hat. Sie soll mit

– – – – – –

zwei Freunden eine sehr renommierte Eventagentur übernehmen. Sich selbstständig machen, das war immer ihr Ding. Und Events zu veranstalten, davon hatte sie schon immer geträumt. Doch bei uns gefällt es ihr auch sehr gut. Nadja ist in der Zwickmühle. Hier hat sie das Rüstzeug bekommen, damit ihre Selbstständigkeit auch langfristig zum Erfolg werden kann. Das lag jedoch nie in ihrer Absicht, sie fühlt sich unbehaglich, als hätte sie uns ausgenutzt.

Wir beruhigen sie. Und machen sie auf den roten Faden in ihrem Leben aufmerksam: ständige Weiterentwicklung. Wir ermuntern sie, die tolle Chance unbedingt wahrzunehmen. Nadja ist sehr erleichtert. Und fühlt sich am Ziel ihrer Wünsche. Vorerst ...

»Vorerst« sage ich, weil diese Episode noch nicht so lange her ist. Und weil man ja zu Beginn nie sicher wissen kann, ob man nun tatsächlich am Ziel seiner Wünsche angekommen ist. Auch ich war viele Jahre lang davon überzeugt, dass ich als Etikette-Trainerin genau meinen Platz gefunden habe – und jetzt entwickle ich mich wieder weiter. Wohin die Reise geht? Das wird sich zeigen ... so wie bei Nadja auch.

Nadja ist einer jener bemerkenswerten Menschen, die sich für viele Dinge gleichzeitig interessieren. Dabei sind diese Menschen jedoch kein bisschen oberflächlich, sondern fokussieren sich immer extrem intensiv auf das, was sie gerade tun. Sie sind hundertprozentig bei der Sache. Vielleicht sind sie deswegen auch so schnell mit etwas durch. Und müssen dann wieder zu neuen Ufern aufbrechen.

Falls Sie auch so ein vielseitig interessierter und begabter Mensch sind, sollten Sie gegen diese Neigung keinesfalls ankämpfen. Alles wird gut verlaufen, wenn Sie nur immer gut darauf achten, wohin Ihr inneres Rufen den nächsten Schritt lenkt. Die Herausforderung besteht darin, aus der Vielzahl an Interessen und

------

Möglichkeiten die für Sie am besten passenden herauszufiltern. So landen Sie früher oder später genau auf Ihrem Platz bzw. werden automatisch zur richtigen Zeit am richtigen Ort sein. Machen Sie einfach Ihr Wohlgefühl, Ihre Wissbegierde und den Spaß an der Sache zu Ihren Wegweisern. Sind diese Voraussetzungen nicht gegeben, lassen Sie besser gleich die Finger davon.

Um uns selbst bei der Stange zu halten, wenn die unvermeidlichen Rückschläge kommen, können wir uns selbst ein wenig überlisten. Belohnungen sind für fast alle Menschen ein großes Lockmittel. Das funktionierte schon in unserer Kindheit. So wenig wir das Autoputzen oder Unkrautzupfen mochten – mit der Aussicht auf die versprochene Tafel Schokolade oder die kleine Geldprämie ging es wesentlich flotter voran. Die Aussicht auf das spendable Christkind brachte uns sogar über mehrere Monate dazu, uns am Riemen zu reißen. Denn um nichts in der Welt wollten wir uns um das heiß ersehnte Mountainbike bringen.

Die Methode, die in der Kindheit funktioniert hat, klappt auch heute noch. Nur mit dem Unterschied, dass Sie nun beides selbst bestimmen: die Aufgabe und die Belohnung. Um daraus den gleichen Antrieb wie in der Kindheit zu ziehen, machen Sie die Belohnung am besten frühzeitig sichtbar.

Belohnung gehört zum Plan

Wie frustrierend wäre es für die Schauspieler, wenn nach der Theateraufführung niemand klatscht! Applaus ist das Brot des Künstlers, heißt es nicht umsonst. Ebenso wichtig ist es, dass auch Sie sich beim Erreichen Ihres Ziels nicht durch ein rasches Darüber-hinweg-Gehen selbst frustrieren. Treffen Sie rechtzeitig Vorkehrungen, damit Ihnen das garantiert nicht passiert. Schreiben Sie eine Belohnung für sich aus! Mit was könnten Sie sich verwöhnen, wenn Sie am Zielpunkt angekommen sind? Eine Reise nach Amsterdam, ein

Töpferkurs in der Toskana, eine Runde auf der Formel-1-Strecke, einen Hund anschaffen, der lange aufgeschobene Besuch bei lieben Freunden, ein neues Fahrrad, ein Tag am See, eine ausgiebige Shoppingtour? Was auch immer – geben Sie Ihrer Belohnung eine Gestalt. Kaufen Sie sich bereits jetzt den Gutschein für den edlen Herrenausstatter. Lassen Sie sich im Fahrradgeschäft vorab auf Ihrem Traumbike fotografieren. Pinnen Sie ein schönes Foto von Ihrem Lieblingshund an die Kühlschranktür. Tragen Sie den Besuch bei Ihren Freunden frühzeitig in Ihren Kalender ein und notieren Sie gleich ein paar Ideen für gemeinsame Unternehmungen. Reservieren Sie schon jetzt einen Termin beim Veranstalter für Erlebnisevents. Holen Sie sich gleich einen Reiseprospekt für die Toskana oder einen Stadtplan von Amsterdam.

Egal, was es ist – warten Sie nicht, bis Sie Ihr Ziel erreicht haben. Legen Sie sich jetzt auf Ihre Belohnung fest! Draufpacken können Sie immer noch.

Noch ein wichtiger Punkt: Auch wenn sich einmal etwas im Nachhinein als Umweg oder Blindgänger entpuppt, sollten Sie diese Zeit nicht für unwichtig oder überflüssig halten. Jede Erfahrung bringt Sie weiter. Wenn Sie es nicht ausprobiert hätten, könnten Sie ja nicht wissen, dass es Ihnen gar nicht liegt. Und würden vielleicht ewig falschen Träumen nachhängen. Nehmen Sie Misserfolge an und wandern Sie gelassen zur nächsten Idee weiter.

4. Feiern Sie Ihren Erfolg

Gleich haben Sie es geschafft! Jetzt sind Sie tatsächlich beim letzten Schritt im letzten Kapitel angekommen! Und hoffentlich auch (bald) an Ihrem Ziel! Sie haben erfahren, dass Veränderung in Ihrem Leben möglich ist. Sie haben auf dem Weg dorthin wahrscheinlich auch Federn gelassen. Vielleicht sind Sie jetzt erschöpft und ausgelaugt. Vielleicht sind Sie aber auch extrem motiviert, immer weiter zu gehen und noch mehr zu erreichen. Gerade wenn Sie es endlich geschafft haben, stecken Sie oft mittendrin im Flow. Jetzt könnten Sie Tag und Nacht so weitermachen. Doch täuschen Sie sich nicht, auch Sie brauchen Pausen. Zu tun gibt es sowieso immer genug. Halten Sie also einen Moment inne und genießen Sie wie der Kletterer nach der Gipfelbesteigung den fantastischen Rundumblick. Herrlich, was Ihnen hier alles an tollen Aussichten zu Füßen liegt!

Genießen braucht Zeit. Die dürfen und sollten Sie sich jetzt auch nehmen. Sie bestimmen, wie lange Ihre Auszeit dauert. Je nachdem, wie lange Sie auf Ihrem Weg unterwegs waren, je nachdem, ob es sich um ein Miniziel oder einen Lebenstraum handelt. Klar ist es wichtig, weiterzukommen, aber manchmal vergisst man halt die Pausen am Wegrand. Besonders bedeutsam ist die große Pause am Schluss. Manchmal reicht eine Tasse Kaffee, manchmal sollte es schon ein Tag in der Wellness-Oase oder ein langer Spaziergang sein. Manchmal ist ein kleinerer oder größerer Urlaub angemessen. Wichtig ist vor allem, wieder etwas Abstand vom Werkeln, Wollen und Wirken zu finden.

Und vergessen Sie bloß nicht, zu feiern! Dann wird Ihnen erst richtig bewusst, was Sie alles geschafft haben. Wenn Sie jetzt sang- und klanglos zum Alltag übergehen, bringen Sie sich um eine wichtige Erfahrung: Sie verpassen es, Ihren Erfolg auszukosten! Auskosten – das heißt nicht umsonst so. Lassen Sie es sich auf der Zunge zergehen, schmecken Sie die Erleichterung und Freude mit allen Sinnen. Wie wäre es mit einem wunderbaren Essen im Kreise Ihrer Liebsten und aller wichtigen Unterstützer? Es ist schon mindestens eine Flasche Champagner wert, wenn Sie so viele Schritte erfolgreich gemeistert haben!

Der Beginn einer neuen Lebensphase – »the day after success« – bekommt eine größere Tiefe und Bedeutung, wenn Sie sich die

------

Veränderung immer wieder bewusst machen. Ein kleines Ritual oder ein Symbol kann dabei helfen. Manchmal reicht es, wenn Sie sich eine passende Glückwunschkarte, ganz nach Ihrem Geschmack, aussuchen und sich damit selbst gratulieren. Oder wie wäre es mit einem schönen Ring, der Sie immer an diesen Moment erinnern wird? Ein neuer Aktenkoffer, der Sie ab sofort auf Ihrem Weg begleitet? Wenn Ihnen danach zumute ist, können Sie zur Feier des Tages auch ein Konzert besuchen. Oder sich einen stillen, besinnlichen Tag in der Natur gönnen.

Das schenk ich mir

- *Ich lasse mich immer wieder neu vom Leben überraschen und folge meinem inneren Rufen.*
- *Ich prüfe alle meine Eingebungen darauf, ob es sich um Eintagsfliegen oder Dauerbrenner handelt.*
- *Ich ergreife spontan die Chance, wenn sich mir die Möglichkeit bietet, etwas zu tun, was ich schon immer tun wollte. So lasse ich alte Träume neu aufleben.*
- *Wenn ich mich für eine Sache entschieden habe, lege ich sofort los. Ich gebe mir das Versprechen, die Vereinbarungen und Termine mit mir selbst sehr wichtig zu nehmen und einzuhalten.*
- *Ich gehe meine Wege weiter und schaue, wohin sie mich führen.*
- *Ich belohne mich für meine Erfolge. Immer. Egal, wie groß oder klein die Belohnung ist. Mal klopfe ich mir nur selbst auf die Schulter, mal gibt es eine tolle Reise oder ein feines Essen.*

Gratulation, es ist geschafft!

Sieben einfache Prinzipien hat mir das Leben bisher geschenkt. Weil ich glaube, dass sie nicht nur mich glücklicher und souveräner machen, war es mir ein Anliegen, sie in diesem Buch festzuhalten. Die sieben Prinzipien mit Ihnen zu teilen hat mir große Freude gemacht. Jetzt bin ich neugierig, was daraus wird. Denn nun sind Sie dran!

Es ist an der Zeit, dass Sie sich Veränderung schenken. Das heißt: aufzuhören mit allem, was Sie nicht mehr sehen, hören und riechen können. Und sich das Leben schenken, das Sie wirklich führen wollen. Ohne Abstriche. Ohne Kompromisse. So, wie Sie sich das in Ihren kühnsten Träumen ausmalen.

Dazu müssen Sie Ihr Leben nicht von heute auf morgen auf den Kopf stellen. Es reicht, wenn Sie schon heute mit einem kleinen Schritt anfangen, morgen den nächsten gehen, übermorgen den übernächsten … und schneller, als Sie dachten, sind Sie in Ihrem Traumleben. Das wünsche ich Ihnen.

Ich bedanke mich für die Zeit, die Sie mit mir verbracht haben, und für die Aufmerksamkeit, die Sie den kurzen oder längeren Geschichten und den vielen Tipps geschenkt haben. Nun wünsche ich Ihnen – und mir – von Herzen, dass Ihnen mein Buch ganz viel Freude gebracht hat und dass es Sie in ein souveränes, selbstbestimmtes Leben begleiten wird.

Quellen und
Literaturempfehlungen

Asgodom, Sabine: *Lebe wild und unersättlich! 10 Freiheiten für Frauen, die mehr vom Leben wollen.* München: Kösel, 2007

Betschart, Martin: *Ich weiß, wie du tickst. Wie man Menschen durchschaut.* München: Deutscher Taschenbuch Verlag, 2012

Betschart, Martin: *3 Schlüssel zum Erfolg. Der direkte Weg zu einem erfolgreichen und glücklichen Leben.* Bergisch Gladbach: Breuer & Wardin, 2009

Dilts, Robert: *Strategies of Genius Vol. 1: Aristotle, Sir Arthur Conan Doyle/ Sherlock Holmes, Walt Disney, Wolfgang Amadeus Mozart.* Capitola, Kalifornien: Meta Publications, 1995

Kraus, Sonya: *Wenn das Leben dir eine Zitrone gibt, frag nach Salz und Tequila. Die Sonya-Strategie für Lebensglück, Erfolg und jede Menge Spaß.* Köln: Bastei Lübbe, 2011

- - - - - -